U0814270

中国传统文化经典语录编撰委员会

主　　编　张岂之　叶国华

编委会主任　王　军

副 主 任　方光华　萧正洪　王新民

陈学超　张岩峰　张军孝

审 稿 人　谢阳举　韩　星

刘学智　郑伟鸣

编委会委员（按姓氏笔画排序）

马　锐　王军民　王　莹　王美凤

邓争旗　付粉鸽　吕子德　许　宁

宋玉波　李江辉　李启德　李宗保

陈战峰　沈旭辉　岳少峰　张应超

张志杰　周伟驰　周淑萍　郑　熊

莫理逊（美国）

张岂之 叶国华 主编

中国传统文化经典语录

仁者爱人

韩星 杨永亮 编撰

西安出版社

序

张岂之

在《中国传统文化经典语录》系列丛书与读者朋友见面之际,我想简要说明一下有关情况,作为这套丛书的总序。

一

从上个世纪末开始,随着我国在经济和社会发展上取得举世瞩目的成就,中华文化日益受到国内外和各界人士的关注。中华文化典藏浩如烟海,要进入这座精神宝库,殊非易事。近年来,我国学人们在研究:如何在深入研究的前提下,准确地向公众普及中华文化?我国不少专家学者写出了阐释中华文化的著作,其中有学术提高性的,也有通俗普及性的。学术性与普及性如何结合得更好,大家正在探索中。这也引起身在海外学者的重视,余英时先生在北京出版的《中国文化》杂志2008年春季号"学人寄语"中说:"中国人文研究的'提高'和'普及'是一项不可分割的迫切任务,承担它的不仅是'普及'作者,人文专家同样义不容辞。"

我对此是深有体会的。十多年前,我在清华大学、西北大学等高校为学生作讲演,讲中华文化悠久丰富的人文精神,当时尝试在文化研究与普及上做些工作。我将中华人文精神扼要地概括为若干方面,以可靠的资料做基础,力求加以切实的解剖和分析,为年轻学子和读者朋友提供关于中华人文精神的知识,想给人们在塑造高尚的精神世界、培育健康的审美能力时以助益。我主编的季刊《华夏文化》也是进行文化研究与普及相结合的园地，在近二十年的办刊实践中一直保持这个特色。当然，和其他学人一样，我也深切地感受到在高深的学术研究与通俗的文化普及之间进行沟通的艰辛。多年来国内人文学者对这些问题进行了研究，并在学术研究的基础上不断探索，陆续出版了一些受专业学者和文化爱好者欢迎的著作。

学术研究与文化普及似乎只是内容和形式的问题，实际上，远没有这样简单。文化普及工作，除要求文字表达简明准确、生动活泼之外，在内容上也要有深入的研究，学者可以通过简明的文字将自己的研究心得传达出来，让更多的读者受益。在这个方面，要重视“深入浅出”：只有“深入”，有了研究心得，内容才有价值；只有“浅出”，文字简洁、生动，才能吸引广大读者。还有更深一层的意义，就是关于建设我国现实主体文化的问题，其中绝对不可以缺少的，应当是祖国优秀传统文化的继承和发扬，经过新的介绍和阐释，以便在现代公民中普及现实主体价值观。这是一项很有意义的工作，当然，这一建设需要从普及和提高两个方面去做。可见，文化普及性的工作在中华文化的弘扬中意义重大。只有当人们理解到自己的工作是与建设现实主体文化相联系的时候，才会感到工作具有重要的意义。

二

2007年上半年，负责西安市理论宣传工作的王军先生向西安出版社提出倡议，希望由我和香港的叶国华先生共同担任主编，选编、出版一套力求普及和提高相结合、又以普及为主的《中国传统文化经典语录》。当西安出版社负责人向我说明这个计划后，我觉得很好。为什么要提“普及与提高相结合”？这意味着被邀请写稿和审稿的人，需要有关于中国传统文化的学术素养，进行过有关这方面的学术研究，这样，他们做普及工作才有根底，在科学性上才有保证。为什么又要强调“以普及为主”？因为这套丛书是建立在学术研究基础上的文化普及读物，主要面向具有中等以上文化水平的读者群，在关于中华人文经典的阐释上，要使读者们能够看懂，并且能读出兴趣来，这样才能普及中国优秀传统文化，从而让它在现实社会中滋润人们的心田。

这套丛书从确定编写方案到编辑出版，历时一年多。期间，由西安出版社社长张军孝先生召集，先后开了几次会议，研究编写方案、初审情况和提高稿件质量等。关于编写中的主要问题，我都参与了意见，多数稿件在初审和复审后，我都看过，而且写出了再修改的一些建议。在工作过程中，叶国华先生以及香港耀中出版社的同行也通过西安出版社提出了若干建议和意见。

本丛书第一批共11本，包括《天人之际》《道法自然》《生生不息》《居安思危》《以民为本》《仁者爱人》《慈悲为怀》《养生有道》《明德至善》《诚实守信》《天下大同》。它们是中国古代思想家论著的选编，分别考察了中国古代关于天人关系的基本认识及其对人类政治伦理生活和社会理想的影响，大体能够反映中国传统文化的经典性、民族性，是中华文化的主要构成部分，今天的学人加以阐释，体现时代性，成为构建中华民族精神家园的重要思想资料。

《天人之际》，编撰者是陕西师范大学政治经济学院许宁副教授和硕士研究生郭荣芳。天人关系是中国古代哲学的基本问题之一。中国学术文化中对于"天人之际"的艰苦探索，成为探讨个体生命价值及其与自然及社会联结的理论基石。"天人之际"不仅包括"天人合一"的观念，而且包括"天人相分"、"天人交胜"的认识，它们从不同角度论述了人与自然怎样才能达到和谐的境界。

《道法自然》，编撰者是西北大学中国思想文化研究所郑熊博士。道法自然，是道家思想的核心内容，对今天反思和处理环境问题有深刻的思想启迪。它强调一切都要顺应自然、自然而然，反对人强行妄作。"顺应自然"的理论观点被运用到社会生活的各个方面，用来处理人与人、人与万物的关系，有助于实现人、社会、自然的和谐与可持续发展。

《生生不息》，编撰者是西北大学社会科学系付粉鸽博士。生生不息是中华文化的基本特质之一，它塑造了中国人独特的精神面貌，赞颂了人的生命尊严，展现出民族的自强不息精神，它也是中华文化保持长久活力、绵延不绝的内在原因。古人认为阴阳之间的相互作用是天地化生的推动力，这种辩证思维具体表现为“有对”精神、“会通”精神和“中和”精神。

《居安思危》，编撰者是西北大学中国思想文化研究所陈战峰博士。《左传·襄公十一年》：“《书》曰：‘居安思危。’思则有备，有备无患。”它是中国以儒道两家为主干的“百家之学”的共同认识。它从事物变易转化的高度观察和审视自然与社会的发展，提醒人们关注治乱、兴衰的转换，提高预察事物的认识和能力，树立常备不懈的忧患意识。“生于忧患，死于安乐”，反映了人们以史为鉴、努力实现长治久安的自觉性。

《以民为本》，编撰者是陕西师范大学文学院周淑萍副教授和硕士研究生王夏红。以民为本是中国古代思想家的共识，如儒家、墨家、道家、法家、兵家、杂家等。它在本质上是君主制下的爱民、重民、保民、富民、乐民的观念。以民为本的思想贯穿于中国古代思想文化史的全部，一定程度上体现了对百姓的关怀，在中国古代政治实践中发挥过重要作用。

《仁者爱人》，编撰者是陕西师范大学历史文化学院韩星教授和硕士研究生杨永亮。“仁”是儒家思想的核心观念，也是中国古代伦理道德的宗旨和根本。孔子阐述“仁”的基本内涵是“爱人”，儒家主张从爱自己的亲人开始，然后推广去爱别人。“老吾老以及人之老，幼吾幼以及人之幼”，孟子的名言成为中华民族精神的生动表述。

《慈悲为怀》，编撰者是西北大学中国思想文化研究所宋玉波博士。“慈悲为怀”是佛教教义，其哲学基础是缘起理论，力求从事物的普遍联系中去看世界万物。它体现出鲜明的人文关怀与深沉的宗教情怀，是对人类常情的一种升华与超越，不断激励人向善，同时也表达了人们对美好生活的向往，对建设美好和谐的人间社会具有激励意义。

《养生有道》，编撰者是陕西省社会科学院宗教研究所张应超研究员。中国医药学与养生学是优秀传统文化中的重要组成部分，具有悠久的历史。“人命至重，有贵千金”，尊重生命成为中国医药学和养生学的核心观念。古代思想家大多认为人的寿命长短与个人的修养功夫有关，重视德行，知足常乐，淡泊宁静，养气保神，注重饮食起居，导引按摩，从而使养生成为身体与精神相协调的具体行动。

《明德至善》，编撰者是西安文理学院王美凤副教授。《礼记》中的《大学》篇强调“明德”、“亲民”、“止于至善”三纲领，“明德”是一个长期的学习、修养的过程。古人不断追求和践行君子之道，通过修身养性使精神达到至高的境界。在中国传统文化中，人人皆可以成为圣贤，不靠天赋，也不靠家庭门第，而是要凭借自身的精进努力，充分彰显了后天学习的重要意义。

《诚实守信》，编撰者是西北大学中国思想文化研究所李江辉博士。“诚”“信”是古代思想家对天道与人道相互关系进行总结和理论概括的成果之一。《礼记》中的《中庸》篇称“诚”为天道，称向“诚”学习为人道，可见，人道就是使“诚”得到实现，并成为人的行为准则。诚信强调名实相符、言行如一，包括诚实和守信两个方面，它们也是人道德品质的一种表征。

《天下大同》，编撰者是陕西师范大学历史文化学院韩星教授。《礼记》中的《礼运》篇比较完整地提出了关于“大同”社会的理想。“大同”社会以“天下为公”为最高准绳，它不同于“天下为家”的社会。虽然“大同”理想主要源于儒家，但是它也同时吸收了墨家和道家的某些思想，是中国古代“和而不同”文化精神的结晶。

丛书各册均围绕一个主题，根据编撰者对相关历史文化及思想家语录的梳理分析设置章目。体例由导读、原文、今译、时析、参考文献组成，个别字句适当加以简要注释。“导读”介绍各分册的主要内容和编撰者的研究心得，它有助于读者了解各专题的思想要点和编撰情况。“原文”所选条目范围比较广泛，涉及经史诸子典籍，力求言简意赅，具有理论性。不少条目能够体现中国传统文化的核心价值观念，也具有普世价值，对当今现实世界具有借鉴意义。“今译”力求准确流畅，通达雅洁。“时析”是本丛书的特色之一，侧重阐述中国优秀传统文化的现实意义。

三

参与这套丛书编撰工作的学者，最年长的是陕西省社会科学院张应超研究员，他长期从事中国古代养生学的研究；其余都是中青年学者，大多数具有历史学专业的博士学位，经历过良好的科学研究训练，撰写发表过学术论文，目前在高校从事中国思想文化和中国哲学等专业的科研教学工作，具有承担相关主题编撰任务的学术素养和能力。

各册初稿完成后，都经过初审、复审、终审三个阶段。初审工作主要由西北大学中国思想文化研究所谢阳举教授负责。在初审意见基础上修改后的二稿，则进入复审环节，主要由陕西师范大学政治经济学院刘学智教授、西北大学中国思想文化研究所方光华教授、西北大学中国思想文化研究所谢阳举教授、陕西师范大学历史文化学院韩星教授分别承担。在复审意见指导下对二稿进行修改斟酌，形成三稿，进入终审环节。多数稿件经过我审阅，并对所阅分册分别提出具体意见，少数分册由陕西师范大学国际汉学院陈学超教授审定。通过终审的稿件，再加以润色调整，移交西安出版社。出版社对这套丛书的出版工作进行了精心的布置和策划，每个分册安排有专门的责任编辑负责编辑和技术处理工作。此外，这套丛书先行在内地出版中文本，再由香港的叶国华先生负责主持，译成英文，形成中英文对照本，以便在海外发行。

应该指出的是，编撰一套较好的、分量不大、可读性较强的《中国传统文化经典语录》，并非易事，这项工作还需要不断积累经验、提高水平，才能做得更好。

我诚恳地希望这套丛书能够贴近大众生活，为读者们学习中华文化提供一些便利条件，至于其中的错误和不足，请读者朋友们批评指正。

2008年6月

于西北大学中国思想文化研究所

序

叶国华

《中国传统文化经典语录》，经编撰团队同仁辛勤不懈的努力，终于出版面世。2007年春天王军先生提出这个倡议，得到张岂之先生和我的赞同。随后，我们在丛书编选方式上很快达成了一致，包括按主题选材，采取今译时析的体例，等等。负责编撰审校的各位学者付出了大量心血，岂之先生住院期间和康复出院在外地出差过程中，仍经常关心过问编撰进度和质量，通过多种方式提出指导性的意见。丛书在队伍组织上的一个特色，使得香港的耀中教育机构的学者也参与了工作，希望对中国传统文化的阐释，拉扩一些现代普世价值的视角，并在将来的海外出版中，担当一个中西沟通的桥梁作用。

参与这项重要工作，给了我们一个很好的学习和思考的机会，对我这个香港人更有着特别一些的意义。我生在二战时的殖民地，知事时适逢抗战胜利，中国位列战胜国五强，自幼便感受到强烈的民族主义、爱国主义的环境。此后的政治环境变化迅速，我们这一辈人在成长中又经历了国家政治经济形势起伏变迁的深刻影响；但因身在境外，有机会相对稳定地学习与生活，当然也有身处殖民地的抗争与曲折，但总的来说可以有一个自由思索的环境，故在对祖国保持深爱的同时，也对日常学习、工作、生活中反复出现的连串问题常进行思考，如：为何中国能强大两千年，而近代以来又衰落而沦为殖民地半殖民地？近三十年，中国终于走上了和谐社会、和平发展的道路，但此后中国与世界互动的过程与效果如何？奥运后的中国，政治、经济、社会、文化格局又会如何？能使近者悦、远者来吗？2050年中国达到小康后，中国人将在世界上展示什么形象？中国在世界上人口占如此大的比例，我们对这个星球及她所承载的人类万物能有同比例的爱护与贡献吗？九百多年前张载就提出民胞物与，届时人们还有此理解与抱负吗？传统文化经典中蕴藏着大智能，从中撷取那些闪烁着永恒之光的金石良言，温故而知新，对我们思考这些问题是会有不少启迪的。

我们在承传与创新传统文化中，也要有世界的视野与责任。中国的“崛起”，客观上就动摇了世界的原有秩序，引起原秩序得益者的种种回应是不可避免的。问题在于我们如何调整自己，循序渐进，加强沟通，学习别人，介绍自己，还要对原有秩序有建设性的调适与尊重。二百年来，我们看世界特别是西方，与中国是对立的关系，到了新时代，这种对立应成为包容，即“世界的中国”，“中国的世界”。对于中华文化，中国人要有爱、温情与敬意，也要在比较与认知的基础上，有建设性、批判性的新解，找出与全球价值接轨的内容，让全人类都有所了解、有所融会，才能参与回应21世纪全球人类的共同问题。中国人对世界其他文明体系、文化与价值观亦应持了解、欣赏、学习、借鉴的态度。今天，世界各种文明已走向休戚与共的整体，中国也已是世界的一部分，作为达成世界良治的利益相关者，中华民族已成为世界人民与地球万物的成比例的造福者。我们出版《中国传统文化经典语录》，也希望在中华文化与当代世界文明的对话中发挥应有的作用，做出自己的贡献。

孔庙大成殿有匾额“中和位育”，这是我近来常提到的一个哲理，它对个人、机构、社会、国家都极有指导价值。好的文化与制度，就在于为人在世界找到适应的位置与关系，同世界和谐相处，才能健康地生存与发展。经过百年屈辱的中国，在取得诸如经济腾飞、成功举办奥运等成就后，要的也是“中和位育”，不强出头，泰然处于大千世界而达至“天地位焉”“万物育焉”的“中和”之境。这也是对传统文化的一点新解吧！

中华经典博大精深，无论我们多么认真细致，倾力以赴，编撰当中的疏漏也在所难免；更因以今人认知加以选择诠释，则难求全，故只算是抛砖引玉，开一个头，以求对中国传统文化的学习与发扬作一个新的尝试。

2008年6月于香港清水湾

导读

儒家思想的核心观念之一是“仁”，从孔孟到程朱的历代大儒，都把“仁”作为一种最高的道德准则，成为中国古代伦理道德的宗旨和根本，是人们立身处世、为政治国的指南和规范，是中华人文精神的集中体现。“仁”字在孔子的《论语》中出现了109次，孔子对“仁”从不同方面和角度作了全面深入的阐释。孔子的学生樊迟向孔子请教什么是“仁”时，孔子回答说：“爱人。”(《论语·颜渊》)孟子也说：“仁者，爱人。”(《孟子·离娄下》)孟子也强调“仁”的内涵是“爱人”。真正把“仁者”与“爱人”合为“仁者爱人”的是《荀子·子道》。儒家强调人与人之间要有爱，用爱心与别人相处，所以“仁”的基本内涵就是“爱人”。正是在这个意义上，我们说“仁”与“爱”是相通的。

那么怎么实行“仁者爱人”呢？儒家提出“为仁之方”，就是如何实行“仁”的方法或途径。孔子告诉我们“己所不欲，勿施于人”，“己欲立而立人，己欲达而达人”，这也就是我们常常说的忠恕之道，被人们认为是孔子学说中一而贯之的主导观念。此外，后儒还有许多更具体的关于“为仁之方”的发挥，形成了中国儒家处理人际关系的丰富思想。

儒家有“仁者自爱”(《荀子·子道》)的说法，自爱包含了对自己身体的爱惜，强调仁爱是要从自爱开始，以自爱为起点(但不是以自爱为中心)不断扩展的。代表性的观点如孔子说：“仁者寿。”(《论语·雍也》)北宋王安石说：“爱己者，仁之端也，可推以爱人也。”(《荀卿》)意思是说自爱是“仁”的开始，由此可以推广到对别人的爱。吕坤《呻吟语》还提出了“自爱自全之道”。自爱是关爱他人的必要前提。一个自暴自弃的人，不会对他人产生友好行为。丧失了自信心和责任感的人，也常常对别人采取损害的行为。

有仁者之心的人，无私无畏，故有巨大的精神力量，所以是无敌于天下的,特别是对政治家来说更是这样。孔子指出“仁者必有勇”(《论语·宪问》),《孟子·离娄上》引孔子的话说“国君好仁,天下无敌”,孟子更明确地说“仁者无敌”(《孟子·梁惠王上》),认为“以德行仁者王”(《孟子·公孙丑上》),强调只有行仁政才能统一天下。

孝悌是实现“仁”的根本,根本一立,仁道自然产生。《论语·学而》说:“君子务本,本立而道生。孝弟也者,其为仁之本与!”表明“仁者爱人”要从孝顺父母、尊敬兄长开始。如果一个人连自己的父母都不孝,他还有什么仁爱之心呢?仁爱思想是从家庭血缘亲情引申出来的,爱人要从爱自己的亲人开始,然后推而广之去爱别人。儒家孝道思想以《孝经》为代表,将对亲人的孝看成是沟通天地万物的基本人伦道德,是贯穿于人生的全过程的,“夫孝,始于事亲,中于事君,终于立身”(《孝经·开宗明义》),这一点在汉代以后发展为以孝治天下,对中国文化产生了重大而深远的影响。

仁爱思想的一个重要含义就是宽惠之道,主要体现在政治上,即要求统治者待民以宽,施民以惠,以宽惠之道“柔远能迩”(《尚书·舜典》),安抚远方的臣民,使近处的臣民安定。儒家提倡仁政德治,推行仁道政治,以德礼教化民众,反对严刑峻法。北宋大儒程颐《代吕公著应诏上神宗皇帝》中提出的“为政之道,以顺民心为本,以厚民生为本,以安而不扰为本”,就是要求执政者把以民为本、注重解决民生问题作为治国理民之道,非常具有现实意义。

孔子将亲情之爱推广开来,要求人与人之间要充满爱心,提出“泛爱众而亲仁”(《论语·学而》),“四海之内皆兄弟也”(《论语·颜渊》),把仁爱对象拓展到了全人类。“泛爱众”毕竟不能太泛,所以具体落实在政治上就是德治、仁政、教化、民本等,这些可以说是儒家政治思想的主体内容,都属于仁爱思想的范畴。

爱物惜命将仁爱思想进一步扩展到天地之间的万事万物上。《尚书·武成》反对“暴殄天物”。孔子对自然界的生命充满了怜悯之情,《论语·述而》载:“子钓而不纲,弋不射宿。”孟子就在孔子“泛爱众而亲仁”(《论语·学而》)的基础上提出了“亲亲而仁民,仁民而爱物”(《孟子·尽心上》),简洁地表达了儒家“爱的连锁”。爱人的同时爱万物,珍惜每一个生命的存在,儒家的生态意识、环保意识是在人伦道德的基础上扩展的结果,就是今天所谓的生态伦理学。儒家还提出“仁者,生生之德也”(戴震:《孟子字义疏证》卷下),把生生不息的运行解释成自然与人的共同本质。这些对现代社会来说,仍然具有重要意义。

儒家把仁爱之心推向天地万物，最高是要达到仁者与天地万物为一体的境界。孟子提出“万物皆备于我”(《孟子·尽心上》)，追求人与宇宙冥合为一的境界。张载的“乾父坤母，民胞物吾”是把先秦儒家的思想发展到了一个更高的阶段，程朱理学、陆王心学对“天地万物一体之仁”之说加以进一步详化和深化，陆九渊提出“宇宙便是吾心，吾心便是宇宙”(《陆九渊集》卷三十六)，二程提出“仁者以天地万物为一体”(《河南程氏遗书》卷二上)，王阳明要求统治者“推其天地万物一体之仁以教天下”(《传习录中·答顾东桥书》)，这些思想对今天的中国与世界仍然有巨大的意义和重要的价值。

墨子根据当时的社会环境，提出了“兼相爱，交相利”的原则。他认为，当时各诸侯国之间互相攻伐，大夫之间的篡夺，人与人之间的相贼，都是不相爱的缘故。墨子提出“兼相爱，交相利”的目的，是为了有利于社会秩序建设，使社会达到和谐、协调、平衡、有序的状态。兼爱思想是墨子思想中以一贯之的中心思想，它体现了墨家人文精神的普世关怀，它体现了中华人文精神的精华。但是，由于其理想性、虚幻性，所以在历史上没有办法得到落实。儒家的“仁爱”不等同于墨家的“兼爱”，为此，从先秦儒家就对墨家的“兼爱”进行过激烈的批评开始到张载提出“民胞物吾”以后，宋儒围绕这个问题还进行了长期的辩论，以区分“仁爱”与“兼爱”，认为“兼爱”之说抹杀了孝悌作为仁道的根本，会导致社会伦理的混乱。

道家讲慈爱。它把儒家“爱有差等”的仁爱当做私爱而加以反对，提倡无私之爱，认为宇宙万物是由道生出来的，道的本性是无私无欲的。道对于万物“生而不有，为而不持，长而不宰。”(《老子》第十章)人必须“道法自然”而无私、无欲。老子推崇“慈爱”，把它作为“三宝”之一。儒家的仁爱不同于道家的慈爱。不要从表面上看到老子在批评儒家的仁义道德，就以为道家反对仁爱，其实道家强调的是在道这个层次的大爱。但是儒家的仁爱并不是老子所批评的只是私爱，只是停留在人道层次的，它也是可以上达天道、普及万物的。综合比较起来，儒家的仁爱是主张从爱自己的亲人开始，然后“推恩”出去爱别人，以至一切人；墨家的兼爱是无条件地讲人与人之间的“兼相爱”；道家的慈爱是从道的本质和规律中引申出来的，强调无私之爱，是反归于道这个本源的爱。虽然儒、墨、道三家所讲的爱在立论根据和实现爱的方式上有不同，但它们都强调爱却是共同的。

儒家的仁爱不同于佛教的慈悲。关于佛教的慈悲，由于《中国传统文化经典语录》这套丛书有一本《慈悲为怀》，在这里就略去不谈了。

仁爱思想在近代以来中西古今文化冲突与融合、西方各种文化思潮汹涌而入的情况下，不断地获得新的诠释和发展。孙中山先生提倡“八德”，即忠、孝、仁、爱、信、义、和、平，试图以此代替封建纲常这一套伦理思想体系。他指出：“我们现在要恢复民族的地位，除了大家联合起来做成一个国族以外，就要把固有的旧道德先恢复起来。有了固有的道德，然后固有的民族地位才可以图恢复。”[①]这些固有的旧道德是什么呢？便是儒家伦理中的忠孝、仁爱、信义与和平。同时，他也重视吸收其他民族的精华，主张“扬吾固有之文化，且吸收世界上之文化而光大之。”[②]他还强调说：“仁爱也是中国的好道德。古时最讲爱字的莫过于墨子。墨子所讲的兼爱，与耶稣所讲的博爱是一样的。古代在政治这方面所讲爱的道理，有所谓‘爱民如子’，有所谓‘仁民爱物’，无论对于什么事，都是用爱字去包括。”毛泽东在谈论到孔子的智仁勇思想时曾指出：“仁像现在说的‘亲爱团结’。”他在《为人民服务》一文中，也特别强调人与人之间的“互相关心，互相爱护，互相帮助”。中华民族这种道德传统和深厚博大的仁爱正是今天互帮互助、助人为乐和为维护社会利益、人民利益而不惜牺牲自己利益的精神源泉。用我们现代人的话来说，就是要创造一种关心他人，接纳他人，对周围的一切心存感恩的心态。“和谐世界，从心开始”，以这样的心态做人做事，才是构建和谐社会的基础。

韩 星

2008 年 2 月于陕西师范大学

---

①《孙中山全集》第 9 卷，第 242-243 页，中华书局 1985 年版。

②《孙中山全集》第 7 卷，第 60 页，中华书局 1985 年版。

目 录

仁爱相通

樊迟问仁。子曰："爱人。"（《论语·颜渊》）

【今译】

樊迟问什么是仁。孔子说："仁，就是能够爱人。"

【时析】

樊迟向孔子提出了什么是"仁"的问题，孔子回答说："仁"，就是"爱人"，阐明了"仁者爱人"这一主题思想。以"爱人"作为"仁"的基本规定主要有两方面的内涵：一是就人和物的关系而言，前者比后者重要；二是就人和人之间的关系而言，应当互相尊重和亲爱。这就凝结成普遍的人道原则：肯定了人的价值和尊严。孔子强调"仁爱"，对我们民族精神产生过积极和深远的影响。

仁，爱己者，非为用①己也，不若爱马②。（《墨子·经说上》）

【注释】

①用：役使，使用。②不若爱马：孙诒让校订为"不若爱马者"。

【今译】

仁，爱己的人不是为了要役使自己，不像爱马的人是为了役用马。

【时析】

这是后期墨家对"仁"的一个界定，这里的"爱己"即是爱人如己，"非为用己"就是不以人为手段，不像爱马那样是为了用马，这就肯定了人的尊严、权利、价值，认为人不是手段而是目的。这个说法很符合孔子的思想，因为墨子曾经"学儒者之业，受孔子之术"（《淮南子·要略》），他的一些思想与儒家有共通之处。

仁，仁爱也。义，利也。爱利，此也。所爱所利，彼也。爱利不相为内外，所爱利亦不相为外内。其为仁内也，义外也，举爱与所利也，是狂举①也。若左目出右目入。（《墨子·经说下》）

【注释】

①狂举：妄乱的举法。

【今译】

仁是爱，义是利。爱利之心在于己，同在内。所爱所利惠加于人，同在外。爱和利不能互相为内外，所爱所利的人、事、物也不能交互相为内外。那些说仁为内，举出内心的爱和外在的所利交织在一起，这是妄乱的举法。如同说成看东西是从左眼出右眼入一样。

【时析】

梁启超解释说："能爱能利者我也，所爱所利者彼也。能爱能利俱内，不能谓能爱为内，能利为外。所爱所利俱外，亦不能谓所爱为内，所利为外。"也就是说，无论在爱和利的付出者一方还是接受者一方，爱和利都不能有内外之分。爱中有利，利中有爱，感情和利益在道德上是紧密联结、融合统一的整体。这是墨家对道德价值和利益价值关系的深刻概括。

孟子曰："君子所以异于人者，以其存心也。君子以仁存心，以礼存心。仁者爱人，有礼者敬人。爱人者人恒爱之，敬人者人恒敬之。"（《孟子·离娄下》）

【今译】

孟子说："君子和一般人的差异是由于居心不同。君子把仁放在心中，把礼放在心中。仁爱的人爱戴别人，礼让的人尊敬别人。爱戴别人的人，别人也总爱戴他；尊敬别人的人，别人也总尊敬他。"

【时析】

爱戴和尊敬都是相互的，孟子教导人们要对他人友爱、尊重，要能够与他人和谐相处。但是，现实世界当中人的个性、气质、修养、素质是差别很大的，人与人的关系也是非常复杂的，尽管你抱着仁爱的心肠、良好的愿望、善良的动机，也不一定事事做得令人人满意，赢得人人的爱戴和尊敬。对此，君子要保持平和的心态。

孟子曰："知者无不知也，当务之为急；仁者无不爱也，急亲贤之为务。尧舜之知而不遍物，急先务也；尧舜之仁不遍爱人，急亲贤也。不能三年之丧，而缌、小功①之察；放饭流歠②，而问无齿决③，是之谓不知务。"（《孟子·尽心上》）

【注释】

①缌（sī）：亦称细麻，是五服中最轻的一种丧服。小功：古代的丧服制度以亲疏为等差，有斩衰、齐衰、大功、小功、缌麻五种名称，统五服。②放饭流歠：放饭，大口吃饭；流歠，大口喝汤。古人认为在尊长面前放饭流歠是很不礼貌的。歠（chuò），饮。③齿决：用牙齿咬断干肉，即谓大吃大喝，失去礼貌，但却讲究不用牙齿咬干肉，引申为不识大体。

【今译】

孟子说："智者没有不该知道的，但总是以抓住重要事情为急迫；仁者没有不爱的，但是务必先爱自己的亲人和贤者。尧舜的智慧不可能通晓一切事情，因为他急于先办理首要事务；尧舜的仁德不能普遍爱一切人，因为他急于先爱自己的亲人和贤者。不能够守丧三年，那么，缌麻、小功这样的丧礼就要仔细讲究。在尊长面前，大口吃饭、大口喝汤，没有礼貌，却讲究不用牙齿咬干肉，这叫做不识大体。"

【时析】

俗话说："丢了西瓜捡芝麻"，抓住了小的却失去了大的，抓住了次要的却失去了主要的，因小失大，舍本逐末，这就叫做"不知务"。凡事总有轻重缓急，因此，要抓住当前急切应该办的事先做。在孟子看来，智者做事懂得抓住重要的事情，仁者虽然有普遍之爱，但是爱自己的亲人和贤者才是重要的。因此，他说："仁者无不爱也，急亲贤之为务。"

爱人利物之谓仁。（《庄子·天地》）

【今译】

泛爱众人普利万物就叫做仁爱。

【时析】

庄子把"爱人"和"利物"两者结合起来作为对人们的道德要求，蕴涵着人与自然和谐相处的意思。用现代生态学语言表达，就是人类既要利用生态资源为人类服务，又要保持生态，更新自然资源，达到持续地发展，这才是有道德的。道家"爱人利物之谓仁"与儒家"亲亲仁民，仁民爱物"其实是相通的，是儒道互补的思想基础。

陈嚣问孙卿子①曰："先生议兵，常以仁义为本；仁者爱人，义者循理。"（《荀子·议兵》）

【注释】

①孙卿子：即荀卿、荀况。

【今译】

陈嚣问荀卿说："先生议论用兵，经常把仁义作为根本。仁者爱人，义者遵循道理。"

【时析】

荀子认为军事活动要以仁义为本，行仁义之兵。为什么？仁者爱人，因为爱人就憎恨那些残害他人的人；义者循理，因为循理就憎恨那些扰乱社会的人。他以历史上尧讨伐驩兜、舜讨伐有苗、禹讨伐共工、汤讨伐夏、文王讨伐崇、武王讨伐纣等来说明这四帝两王都是行仁义之兵，所以能够取得天下。行仁义之兵也就是进行正义的战争。

子贡①入，子曰："赐！知者若何？仁者若何？"子贡对曰："知者知人，仁者爱人。"子曰："可谓士君子矣。"（《荀子·子道》）

孔子像

【注释】

①子贡：端木赐，字子贡，是孔门七十二贤之一，且列言语科之优异者。孔子曾称其为"瑚琏之器"。他利口巧辞，善于雄辩，且有干才，办事通达。曾任鲁、卫两国之相。他还善于经商之道，曾经经商于曹、鲁两国之间，富致千金，为孔子弟子中首富。

【今译】

子贡进来。孔子说："端木赐！明智的人是怎样的？仁德的人是怎样的？"子贡回答说："明智的人能了解别人，仁德的人能爱护别人。"孔子说："你可以称为士君子了。"

【时析】

士君子是指有知识学问而品德高尚的人，在道德上高于士，即今天一般知识分子。荀子在这里引孔子的话，强调儒家仁智并言在人格上的体现。明智的人对人（道）有深刻的体验和洞察，仁德的人对人（类）有普遍的同情和爱护。这两方面结合起来就是士君子人格的体现。子贡就够得上士君子。

仁者，谓其中心①欣然爱人也。其喜人之有福，而恶人

之有祸也。生心之所不能已②也，非求其报也。故曰："上③仁为之而无以为也。"（《韩非子·解老》）

【注释】

①中心：内心。②生心：引起某种念头，多心。已：停止。③上(shàng)：上等，等级高或品质良好。

【今译】

所谓的仁，指的是一个人内心真诚而愉悦地喜爱他人。喜欢别人的幸福，厌恶别人有灾祸。有了这样的心理而不能自我禁止，并非是为了让别人来报答自己。因此说："最高境界的仁是有所为而有所不为。"

【时析】

这是韩非子对老子思想的解释，是否合乎老子的原意是可以讨论的。韩非子虽然否定儒家仁义对于国家政治的价值，但是他在《解老》篇对"仁"所下的这个定义，仍然承认"仁"应当是一种对于他人发自内心的不求回报的爱，这倒是非常符合儒家的思想，说明"仁者爱人"是先秦儒道法都认同的具有普遍性的观念。

此诗之所谓曰"君君子则正，以行其德；君贱人则宽，以尽其力"者也。人主其胡可以无务行德爱人乎？行德爱人则民亲其上，民亲其上则皆乐为其君死矣。（《吕氏春秋·爱士》）

【今译】

这就是《诗经》上说的"统辖君子，要示以严正，使其能以德奉上；统辖贱民，要施以宽厚，使其肯于竭诚效力。"君主难道可以不行仁德爱护人民吗？君主行仁德爱护人民，人民就能够亲近君主，人民亲近君主就会乐意为君主尽力赴死。

【时析】

这段话前面讲的故事是秦穆公丢失了战马，后来发现被"野人"吃了。他不仅不处罚或责怪食马肉的“野人”们，反而怕他们吃骏马肉不饮酒会受到伤害，于是“以酒施恩”，让“野人”遍饮后才离开。韩原之战，在秦穆公处境十分危急的情况下，“野人”们拼力相救，秦穆公转败为胜。因为，秦穆公能够“行德爱人”，宽厚待民，就会使“民亲其上”而“皆乐为其君死也”。当然法家讲这个故事的意思与儒家的“仁者爱人”未必一致，一定程度上是一种政治策略或者收买人心的手段，不是在人性的深处发掘人性善的本质，以确立社会政治的道德基础。

谓戎夷[1]其能必定一世，则未之识；若夫欲利人之心，不可以加矣。达乎［死生之］分，仁爱之心（识）［诚］也[2]，故能以必死见其义。（《吕氏春秋·长利》）

【注释】

①戎夷：当做“式夷”。《汉书·古今人表》有“卫视夷”，颜师古注：即式夷也。②据孙锵鸣说增改。

【今译】

要说戎夷的才能肯定能让世道安定，那还尚不可知，至于他那种对别人有利的心肠，那是没有人可以超过他了。他能通晓死和生的区别，仁爱之心是真诚的，因此他能以必死的行动来显示他追求的道义。

【时析】

这段话前面是一个故事：戎夷与弟子露宿城外，天气很冷，他对弟子说：“你把衣服给我，我就能活下去；我把衣服给你，你可以活下去。我是国家的名士，为了天下而舍不得死。你是个不贤德的人，不值得爱惜生命。你把你的衣服给我吧。”弟子说：“我既然是不贤德的人，又怎么会给国家的名士衣服呢？”戎夷叹息道：“唉！我向往的道义看来不能承继了啊！”于是，就脱下衣服给了弟子，到半夜便冻死了。他的弟子则保住了性命。戎夷是一个名副其实的国家名士，但在那个自私势利、道德沦丧的社会，他的教育是失败的，而他的人格却达到了很高的境界。面对生死的抉择，他以真诚的仁爱心，以自我牺牲的行为告诉弟子和世人人间自有道义在。今天的一些人沉溺物欲,精神空虚,人格萎缩,道德沦丧,与戎夷所面对的情形非常相似。这个故事应该使我们的灵魂得到净化,精神境界得到升华。

荆人[1]有遗弓者,而不肯索,曰:"荆人遗之,荆人得之,又何索焉?"孔子闻之曰:"去其'荆'而可矣。"老聃闻之曰:"去其'人'而可矣。"故老聃则至公矣。(《吕氏春秋·贵公》)

【注释】

①荆人:即楚人。秦国人避秦庄襄王"子楚"讳,称楚国为荆国。

【今译】

楚国有人丢了一张弓,不肯去寻找,问为什么,他说:"楚国人丢了,肯定被楚国人捡到了,何必找?"孔子听到了这事,说:"这回答,去掉'楚国'字样更好了。"老聃听到了这事,说:"倘然去掉'人'字,不更好么?"老聃最大公无私啊!

【时析】

照《吕氏春秋》的作者看,荆人"小"因其还有"国"(族)的概念;孔子要比荆人大,可还是"小",因其还有"人"的概念;老聃最伟大,因其已达到无"人"的境界,只有"天"(自然)的概念,天遗之,天得之,总量未增未减,"又何索焉"!所以老聃是最大公无私了。由此可知儒家与道家之不同。儒家的"贵公"乃是以"爱人"为中心,故超越国界,"去其'荆'而可矣";道家则"至公",可不必以"爱人"为中心,故"去其'人'而可矣"。从境界上说道家最高,但有可能得天遗人,而儒家实际上最中道,最符合人性,是以人为本前提下的下学上达,得天而不遗人。

乐者为同,礼者为异。同则相亲,异则相敬。乐胜则流[1],礼胜则离[2]。合情饰貌[3]者,礼乐之事也。礼义立,则贵贱等[4]矣,乐文[5]同则上下和矣,好恶著则贤不肖别矣。

刑禁暴，爵举贤，则政均矣。仁以之爱，义以正之，如此则民治行矣。（《礼记·乐记》）

【注释】

①流：流遁不能自还。②胜：过的意思。离：析而不亲。③饰貌：整饰仪表。④等：等差。⑤乐文：乐的外部形式。

【今译】

乐者，调和性情，君臣上下同听之，故谓之同；礼者，等尊卑之别，明长幼之序，故谓之异。上下同心就能互相亲和，长幼有别就能够使年幼的尊敬年长的。但是，乐虽相亲，乐胜则流，过于同也；礼虽相敬，礼胜则离，过于异也。乐以合情，礼以饰貌，礼乐相得、相须，则性情得中和之美也。礼仪建立起来之后，人们之间的贵贱等差就形成了，音乐所表现出来的和谐则表明上下同心和睦，社会的好坏在礼乐中表现的非常显著，贤人和不肖的区别也是很明显的。刑罚是用来禁止暴虐的，爵位是用来奖赏贤人的，这样政治才能公平。用仁爱去爱护人民，用道义去规范人民，如此这样，治理人民就可以推行了。

【时析】

“乐”可以沟通人与人之间的情感，“礼”可以辨别长幼尊卑之界限。光有“乐”而没有“礼”，人与人之间的情感就会放任自流，缺乏秩序感，少了等级观念；光有“礼”而没有“乐”，不同地位的人就会离心离德，缺乏沟通感，少了凝聚力。因此，最好的办法就是以“乐”助“礼”，以“礼”节“乐”，从而达到一种和而不同、爱有差等的境界。

公曰：“敢问：为政如之何？”孔子对曰：“夫妇别，父子亲，君臣严，三者正，则庶民从之矣。”公曰：“寡人虽无似①也，愿闻所以行三言之道。可得而闻乎？”孔子对曰：“古之为政，爱人为大。所以治爱人，礼为大。所以治礼，敬为大。……弗爱不亲，弗敬不正。爱与敬，其政

之本与！”……公曰：“敢问：何谓成亲[2]？”孔子对曰：“君子也者，人之成名也。百姓归之名，谓之‘君子之子’，是使其亲为君子也，是为成其亲名也已。”孔子遂言曰：“古之为政，爱人为大；不能爱人，不能有其身；不能有其身，不能安土；不能安土，不能乐天；不能乐天，不能成身[3]。”（《礼记·哀公问》）

【注释】

①无似：谦辞，指不肖。②成亲：谓成就其父的名望。③成身：成就自身。

【今译】

鲁哀公说：“请教先生：怎样来处理国家的政务？”孔子回答道：“辨别夫妇，亲和父子，严正君臣，只要这三种关系端正了，天下的黎民就顺从了。”鲁哀公说：“我虽没有什么才能，但是我还是愿意听您讲讲三句为政之道（即夫妇别、父子亲、君臣正）。您可以讲给我听听吗？”孔子回答说：“古代人行政时，把关爱别人看得最重要。所用以爱别人的，行礼最重要。所用以行礼的，敬意最重要。……不爱就不亲，不敬就不可能行正道。爱和敬，可以说是为政的根本啊！”……鲁哀公说：“请问怎样才能成就父亲的名望？”孔子回答道：“所谓君子，指的是一个人的成名，百姓赠送给他君子的称号，指的是‘有道德素养的人的孩子’，这样就使得他的父亲成为了有道德的君子，因此成就了父亲的名望。”孔子更进一步地说：“古代人行政时，把关爱别人看得最重要。不能关爱别人，就不能使他保有自身；不能保有自身，就不能安居在自己的疆土上；不能安居在自己的疆土上，就不能以天赐的命运为乐；不能以天赐的命运为乐，就不能说他成就了自身。”

【时析】

《礼记·哀公问》记载鲁哀公问孔子怎样处理政事，孔子遵循“古之为政，爱人为大”的原则，把“爱人”放在为政之首位。这种关爱是通过礼仪来进行的，而礼仪的基本精神则是敬意。“爱人”是为了情感亲近，敬意则是让人们走上正道。所以，爱和敬就可以说是为政的根本。显然，比较起来，在爱和敬当中，爱是根本的根本。如果不能爱别人的话，保有自身、安居疆土、乐天知命、成就自身都不可能实现。

子言之："仁有数①，义有长短小大。中心憯怛②，爱人之仁也；率③法而强之，资④仁者也。《诗》云：'丰水有芑，武王岂不仕。诒厥孙谋⑤，以燕翼⑥子。武王烝⑦哉'，数世之仁⑧也。《国风》曰：'我今不阅，皇恤我后。'终身之仁也。"（《礼记·表记》）

【注释】

①有数：不止一端，不止一个。②憯怛（cǎndá）：忧伤，悲痛，伤痛。③率：循的意思。④资：取的意思。⑤诒厥孙谋：替子孙计谋。⑥燕翼：安翼。⑦烝：完美。⑧原误作"人"，孔《疏》引作"仁"，宋刊本及他本亦皆作"仁"，故据改。

【今译】

孔子说："行仁之道，非止一端，义也是有长有短，有小有大。内心就会产生同情别人的忧伤之情，这是怜爱他人的仁。遵照法律勉强实行，是直接来自于行仁道。《诗经》上说：'水芹长满丰水旁，武王岂是无事忙？传下谋略为子孙，保佑后代享国长。武王真是好君王！'这是施及好几代人的仁爱。《国风》上说：'我自身还不能见容，又怎么能顾恤我后世子孙呢'。这是一生的仁啊！"

【时析】

这里借用孔子的话仁义并举，先说明仁、义含义的复杂，再主要阐释"爱人之仁"。因为"爱人之仁"是发自于人的天性的最基本、也最难以恒久保持的仁，所以就最难得、最珍贵。

唯仁人放流①之，迸②诸四夷③，不与中国④同。此谓唯仁人为能爱人，能恶人。（《礼记·大学》）

【注释】

①放流：流放。②迸：即"屏"，驱逐。③四夷：四方之地，古时把东夷、西戎、南蛮、北狄称为"四夷"。④中国：全国中心地区，与现代意义的"中国"一词意义不一样。

【今译】

有仁德的人会把那些嫉贤妒能的人流放，把他们驱逐到边远的四夷之地去，不让他们同住在国中。这说明有德的人能够爱护人，也能够憎恶人。

【时析】

真正有仁德的人是非清楚，爱憎分明，集中体现在举用贤人和摈弃奸佞两方面。君子在位，没有见贤而不举用的，举用必因其器而重用之。贤者好比君主的四肢，也是国家的栋梁，君子求之、爱之、尊之。君子辨恶而不善者，不为巧言而有所迷惑，不因其善辨而有所动。奸佞之人就像君主身上的疮毒，也是国家的大患，君子去之、远之或诛之，不使其以莠害良。

所谓天下之至仁者，能合天下之至亲者也。所谓天下之至知者，能用天下之至和者也。所谓天下之至明者，能选天下之至良者也。此三者咸通，然后可以征[①]。是故仁者莫大于爱人，知者莫大于知贤，政者莫大于官贤。有土之君修此三者，则四海之内拱[②]而俟，然后可以征。明主之所征，必道之所废者也。彼废道而不行，然后诛其君，致其征，吊[③]其民，而不夺其财也。故曰：明主之征也，犹时雨也，至则民说[④]矣。是故行施弥[⑤]博，得亲弥众，此之谓"衽席[⑥]之上乎还师"。（《大戴礼记·主言》）

【注释】

①征：用武力制裁，讨伐。②拱：围绕，环绕。③吊：本义是问终，这里引申为慰问、抚恤。④说：同"悦"，喜悦。⑤弥（mí）：满，遍。⑥衽席：借指太平安居的生活。

【今译】

所谓天下最高境界的仁爱，就是能够团结天下最亲近的人。所谓天下最高层次的智慧，就是能利用天下最大的和谐。所谓天下最高水平的明智，就是能选拔出天下最贤良的人。如果这三者能够相互贯通，然后才可以征伐天下。因此，对仁者而言，没有比爱护他人更重要的了；对于有智慧的人而言，没有比能发现贤才更重要的了；对于为政者而言，没有比任用贤能的人为官更重要的了。对于拥有国土的君王来说，如果在这三方面有好的素养，那么天下的人就会围绕在他的身旁并且听他差遣，这样就可以征伐天下了。英明君主所要征伐的，必定是天道所要废除的对象。因为他们废弃了大道，所以国家就不能兴旺，然后征伐者就诛杀他们的国君，导致了这次征伐，安抚这里的人民，不侵夺他们的财产。因此说：英明君主的征伐，就像久旱逢甘霖一样及时，他的军队到了，人民就会非常的喜悦。因此，只要能广行善施，就会得到更多人的拥护，这就是所谓的“英明的君主能够在安稳的环境中取得征伐战争的胜利”。

【时析】

这段话是站在仁爱的高度讨论征伐战争的问题。作者确立了三个最高的标准：最高境界的仁爱，最高层次的智慧，最高水平的明智，认为这三者能够相互贯通，然后才可以征伐天下，就是说这三个最高标准是征伐天下的前提条件。当然，作者是不主张征伐的，所以他强调的是正面的“仁者莫大于爱人，知者莫大于知贤，政者莫大于官贤”。拥有国土的君王在这三方面的修养就可达到孔子所说的为政以德，好比北辰众星拱之的效果。即使不得已要行征伐，这样的征伐就会是有道伐无道，如商汤伐桀、武王伐纣一样，主要是诛杀暴君，安抚人民，不侵夺人民，像及时雨一样受老百姓的欢迎。最后强调君主应该广行善施，以得到更多人的拥护。

遍[1]知万物而不知人道，不可谓智；遍爱群生而不爱人类，不可谓仁。仁者爱其类也，智者不可惑也。仁者虽[2]在断割[3]之中，其所不忍之色可见也；智者虽［遇］烦难之

事[4]，其不暗[5]之效可见也。内恕[6]反情，心之所［不］欲[7]，其不加诸人，由近知远，由己知人，此仁智之所合而行也。小有教而大有存也，小有诛而大有宁也，唯恻隐推而行之，此智者之所独断也。故仁智错，有时合，合者为正，错者为权，其义一也。(《淮南子·主术训》)

【注释】

①遍：全面；到处。②虽：纵然；即使。③断割：裁决。④据《汉文大系》本增。⑤暗：(àn)：愚昧、糊涂。⑥内恕(nèishù)：谓存心宽厚。⑦据《汉文大系》本增。

【今译】

能够了解世间的万事万物却不知道为人处世之道，这样的人不可以被认为是有智慧的人；热爱世间的一切生命却不热爱人类自己的生命，这样的人不可以说他是有仁爱之心的人。所谓的仁爱，就是要爱护自己的同类；所谓的智慧，就是不被迷惑。有仁心的人，即使在判决罪人时，他的不忍心还是可以从脸上表现出来的。有智慧的人，即使遇到麻烦困难的事情，他毫不含糊的处理效果也可以显现出来。存心宽厚，返回本性，自己内心所不想要的，不会强加在别人的身上；观察近的事物就可以推想远的事物，通过自己来了解别人，这就是一个集仁爱和智慧于一身的人的处事行为。对小的毛病加以管教，是为了使他大了有出息，对小的错误加以责罚，是为了使他大了能安宁，只是出于爱护同情之心才推行这种做法的，也就是智者的决断做法。而一味讲仁的人是难以做到这点的。所以仁和智有时是错开有矛盾的，有时又结合相一致的。仁和智结合，就是正道做法；仁和智错开不相合，就是权变做法。这两者的含义则是一样的，都是出于知人爱人。

【时析】

这还是对儒家仁智并言思想的发挥，但又高于先秦儒家，其“仁者爱其类”是对“仁者爱人”在“人道”、“人类”概念的意义上的使用和表达，在中国文化史上是有重要价值的。其“心之所(不)欲，其不加诸人”，是对孔子“己所不欲，勿施于人”的继承，是西汉开始儒道互补的思想史证明。

《春秋》之道，大得之则以王，小得之则以霸。故曾子、子石盛美[①]齐侯，安诸侯，尊天子，霸王之道，皆本于仁。仁，天心，故次之以天心。（《春秋繁露·俞序》）

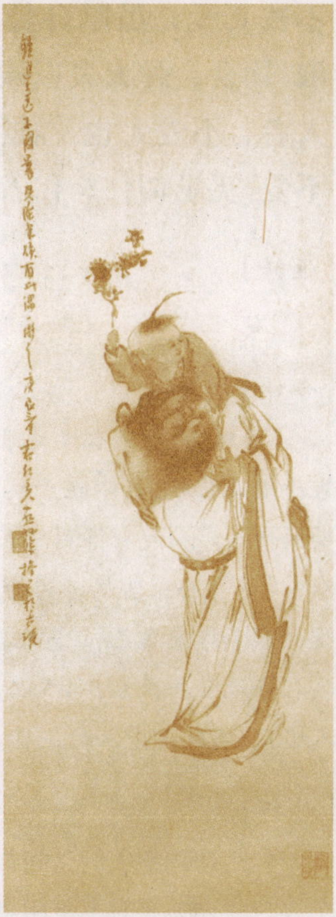

钟馗送子图

【注释】

①盛美：称美。

【今译】

《春秋》一书体现出来的道理，就是实力强的诸侯称王天下，实力弱的诸侯称霸一方。因此，曾子、子石称美齐桓公，因为他安稳各个诸侯，尊崇周天子，行的是做诸侯盟主的大道，这些都根源于仁。仁，就是天心，但它是天心的低层次的体现。

【时析】

因为董仲舒把《春秋》看做是"治人"之书，所以他就要寻求"治人"的根本精神与原则，其结论就是这个"仁"字，对于统治者来说就是要领会如何施行仁人之政。一个人或一个集团能否成王称霸，完全取决于仁政实现的效果。"仁"是天之心，是天所具有的一种本质化的倾向。"仁"为天、人所同有，当然也可以成为沟通天、人的枢纽或中介。通过"仁"，上天可以感应出人世国家政治的得失和社会秩序的顺逆。人生于天，理当取法于天，"仁"作为天的根本，当然也就是人的伦常生活所不可抗拒的必然规则。

《春秋》为仁义法。仁之法在爱人，不在爱我；义之法在正我，不在正人。我不自正，虽能正人，弗予为义。人

不被其爱，虽厚自爱，不予为仁。昔者，晋灵公杀膳宰以淑[①]饮食，弹大夫以娱其意，非不厚自爱也，然而不得为淑人者，不爱人也。质[②]于爱民，以下至于鸟兽昆虫莫不爱。不爱，奚足谓仁？仁者，爱人之名也。（《春秋繁露·仁义法》）

【注释】

①淑：善的意思。②质：实的意思。

【今译】

《春秋》做出了仁义之法。仁之法在于爱护别人，不在爱护自己；义之法在于端正自我，而不在于端正别人。自己都不端正，即使能端正别人，不是义的所为。人没有得到别人的关爱，尽管自己厚爱自己，不是仁者的所为。从前，晋灵公杀害厨师为的是他的美味，用弹丸弹射大夫是为了追求快乐，这并非不厚爱自己，但是他不能成为善人的原因，正在于他不爱护他人。实实在在地爱护民众，向下以至于鸟兽虫鱼没有不爱的。不爱，怎能称其为仁人呢？仁，就是爱人的别称。

【时析】

仁义是调整人们之间关系特别是个人与他人关系的行为规范，是调整个人与他人关系时不可相离的基本准则。董仲舒发挥《春秋》的仁义之法，提出“仁之法在爱人，不在爱我；义之法在正我，不在正人”，这就是说，“仁”是对他人的，在“安人”；“义”是对我的，在“正我”。一个人先要正我，才能正人；一个人先要爱人，才可以爱我。这就是儒家反求诸己，躬自薄而厚以待人的意思。对于“仁”这个概念，董仲舒基本上是按照孔子“仁者爱人”的定义以及孟子“仁政”的思路来理解的，其“爱人”思想则遍及大众，及于万物，具有博爱的性质。

何谓仁？仁者，憯怛[①]爱人，谨翕[②]不争，好恶敦伦[③]，无伤恶之心，无隐忌之志，无嫉妒之气，无感愁之欲，无险诐[④]之事，无辟违[⑤]之行，故其心舒，其志平，其气和，

其欲节，其事易，其行道，故能平易和理而无争也，如此者，谓之仁。（《春秋繁露·必仁且智》）

【注释】

①憯怛（cǎndá）：忧伤，悲痛，伤痛。②谨翕（jǐnxī）：敬慎和顺。③敦伦：敦睦人伦。④险诐（xiǎnbì）：阴险邪僻。⑤辟违：邪僻背理。

【今译】

什么是仁呢？仁指的是因为忧伤别人而产生爱怜他人，恭敬和顺而不与人相争，好恶分明，敦睦人伦，没有伤害他人之心，没有隐瞒禁忌的心志，没有嫉妒的心气，没有多愁善感的情欲，没有阴险邪恶的事情，没有邪僻背理的行为。因此，他的心情舒坦，他的志向平稳，他的气息和顺，他的欲望能够节制，他做事简易，行为符合道义，所以他性情平易，温和有理，与世无争，能做到这些，就可以说是仁了。

【时析】

这段话对“爱人”作了新的解释，说明“仁”是与人的心理情感相连结的。无论□怛、谨翕、心舒，还是志平、气和、欲节，所关注的都是人的感性心臆活动。无论平易和理而无争、好恶敦伦、无伤恶之心、无隐忌之志，还是无嫉妒之气、无感愁之欲、无险□之事、无辟违之行，所要求的都与人的性情密切相关。调节这些感性与情感活动对于“仁”可以说是相当重要的，这些都是董仲舒对孔孟的继承和发展，特别是以“不争”释“仁”，揭示了“仁”作为调和人际矛盾、和谐人际关系的思想实质，对今天的中国与世界都仍然有其现实意义。

故德教废而诈伪行，礼义坏而奸邪兴，言无仁义也。仁者，爱之效①也；义者，事之宜也。故君子爱仁②以及物，治近以及远。《传》曰：“凡生之物，莫贵于人；人主之所贵，莫重于人。”故天之生万物，以奉③人也；主爱人，以

顺天也。闻以六畜禽兽养人，未闻以所养害人者也。（《盐铁论·刑德》）

【注释】

①效：显示，呈现。②仁：古通“人”。③奉：奉养。

【今译】

所以道德教化废弃了，欺诈虚伪就要风行；礼义破坏了，奸猾邪恶就要流行。这是说因为没有了仁义啊！仁，是爱的体现；义，是处事的标准。因此，君子总是从爱人推及到爱物，从治理近处推广到远处。《春秋》上说：“所有生物中没有比人更宝贵的，所以帝王所珍视的莫过于人了。”天生万物是为了养活人，帝王爱人是顺从天意的。我们只听说用各种家禽、家畜供人役使和食用，从来没听说过饲养家禽、家畜是用来害人的。

【时析】

仁义是道德教化和礼义的内在依据，仁是爱的体现，义是处事的标准。进一步论证了以人为本的思想，天地生养人与万物，人为万物之一而最为珍贵，这是儒家一贯的观点。这一观点推展到政治上就是要求统治者顺从天意，仁民爱民，再推及爱万物。

五性者何？谓仁、义、礼、智、信也。仁者，不忍也，施生爱人也；义者，宜也，断决[1]得中[2]也；礼者，履[3]也，履道成文也；智者，知也，独见前闻，不惑于事，见微者也；信者，诚也，专一不移也。故人生而应八卦之体，得五气以为常，仁、义、礼、智、信是也。（《白虎通义·性情》）

【注释】

①断决：判案，判决。②中：不偏不倚。③履：执行，实行。

【今译】

人的五种基本性情指的是什么呢？答：仁、义、礼、智、信五种。仁，指的是不忍心，产生爱人之心；义，指的是适宜，即判决事情不会偏颇；礼，指的是履行，把按照道的规定的行事用文字记录下来；智，指的是智慧，只是了解前代的事情，就能够不困惑于现在的事情，能够观察到很细微的事情；信，指的是诚实，就是对事物专一而不转移。因此，人的生存是符合八卦的本体，得到五种生气以为常理，这就是仁、义、礼、智、信。

【时析】

也就是说，仁是对人施爱；义是决断适宜；礼是言行合乎章法；智是见微知著，遇事清醒；信是守诚专一。这五种美德，是人类的“常性”。《白虎通义·性情》不仅将“五常”正式确定下来，而且进行了明确具体的内容界定，这是历史上官方文书关于“仁、义、礼、智、信”的最早记载。“五常”之中，仁、义最重要，而尤其是仁可谓是根本。有人比喻说，“五常”犹如人体，仁为头脑，义、礼、智、信是肢体。

古者圣贤，乃贵①用道与德，仁爱利胜人也，不贵以严畏刑罚，惊骇而胜服人也。（《太平经合校》卷四十七）

【注释】

①贵：值得看重，重视。

【今译】

古代的圣贤，把道和德看得很珍贵，用仁爱去教导别人，使别人从中得到利益，不很看中威严和刑罚，不会用惊吓的方式去制服别人。

【时析】

重德轻刑、德主刑辅是古代圣王的治国之道，作者告诫当时的君王应该像古代圣贤一样以德服人，博施仁爱，而不要滥用刑罚，这样就能获得人心，老百姓就会竞相归附。

故仁莫大于爱人，智莫大于知人，爱人即无怨刑，知人即无乱政。（《文子·微明》）

【今译】

所以，就仁而言，最重要的莫过于爱人；就智而言，最重要的莫过于了解人；能够爱人就不会有冤狱，能够了解人就不会出现政治的混乱。

【时析】

人以其敏锐的知觉和仁爱的心肠，能在重大决策中给社会带来福祉，同时具有忧患意识，而不是愚蠢地迷惑在一己之私里看不见大祸临头。因此，我们做什么事情都要权衡利弊，顾此顾彼，放眼长远。集中到一点无非是一个道理：既仁且智，能爱人，能知人。这不仅是为人处世的基本要求，更是政治生活的重要内容，是社会和谐稳定的应用之义。

董子[①]曰："仁者人也，义者我也。"以仁爱人，以义制我。以仁爱人，不授以制[②]而尽其私。以义制我，不私[③]所爱而厚其疑。恶[④]有为天下王者自爱而制人，可以宰[⑤]九州[⑥]，建千祀[⑦]者乎！且诚[⑧]非所以自爱。（《黄书·任官》）

【注释】

①董子：即董仲舒，是西汉一位与时俱进的思想家、哲学家。他的主要政治观点是"天人三策"：主要内容是天人感应，君权神授；推明孔氏、抑黜百家；春秋大一统、尊王攘夷；建立大学机制、改革人才选拔制度。从而帮助汉武帝统一意识形态，完成了建立君主权威的重要作用。②制：规章，制度。③私：偏爱。④恶（wū）：古同"乌"，疑问词，哪，何。⑤宰：〈动〉分割疆土；主宰。⑥九州：不同时代有不同州名版本，一般为《禹贡》中冀州、兖州、青州、徐州、扬州、荆州、豫州、梁州、雍州。后来又有十二州说，即从冀州分出并州，从青州分出营州，从雍州分出梁州。一般地说，"九州"泛指中国。⑦祀（sì）：中国商代对年的一种称呼。⑧诚：确实，的确。

【今译】

董仲舒说："仁是对别人而言的，义是对我而言的。"用仁慈去爱护别人，用道义来克制自己。用仁慈去爱护别人，就不会利用制度的方便而满足自己的私欲；用道义来克制自己，就不会偏心自己的所爱而增加别人的疑虑。哪里会有作为天下的君主只想着爱护自己并控制别人，统治天下而能长达千年之久的事？况且这确实也不是自爱的表现啊！

【时析】

董仲舒区别并强调了“仁”和“义”在德治中的不同功能：“仁”是用来爱人的，“义”是用来克己的。他要求君王以仁慈爱民，而不要利用制度的方便为自己谋私，满足自己的私欲；要用道义克制自己的情欲，不要偏心偏爱，造成人们的疑虑。这些就是维持长治久安的基本要求。

大海无润，因暍①者有润；至仁无恩，因不足者有恩。乐天安土，所居而安，不累于物也。爱人然后能保其身，寡助则亲戚畔②之。能保其身则不择地而安。不能有其身，则资安处以置之。不择地而安，盖所达者大矣；大达于天，则成性成身矣。（《张载集·正蒙·至当篇》）

【注释】

①暍（yē）：中暑。②畔（pàn）：古同“叛”，背叛。

【今译】

大海没有显现出湿润，因为口渴的人而湿润；最高的仁爱没有恩惠，因为不知足的人才显示出恩惠。对天命表现出的乐观，安居故土，随遇而安，不受外物的牵累。爱护别人，然后才能保全自己的身体；很少有人帮助的人，就是亲戚朋友也会背叛自己。能够保全自己性命的人，不用选择地方就可以随遇而安。不能保全自己生命的人，就要凭借安全的地方来保护自己。不选择地方而能使自己安稳，大概是因为他所达到的境界已经很大了吧；人所能达到的最高境界在于上达天道，这样就是成天性成人身了。

【时析】

宋初大儒张载把仁爱的最高境界规定为“大达于天，则成性成身”，能够到达这种境界的人就可以“爱人然后能保其身”，就可以“保其身则不择地而安”。这是对孔子下学上达，孟子尽心、知性、知天的继承和发挥，已经显现了宋儒对儒家思想中天道性命方面的提升。

吾儒之道，有天地还[1]他个平成，有父子，还他个慈孝，有民物，还他个仁爱，因物付物，不作自私自利心。释氏[2]全空了不管，只要自己成个幻觉的性便了，真是贪利行私的；又全无悔意，竭力在那幻妄理上去做，尽力在那幻妄途上去走，则此贪心何时是辍[3]？（《颜元集·存人编》）

【注释】

①还（huán）：偿还，交付。②释氏：因为佛教创始人是释迦牟尼，故称释氏。③辍（chuò）：中途停止，废止。

【今译】

依据我们儒家的道，只要有天地，就会产生出一个公平和完成；只要有了父子的关系，就会产生出一个慈爱和孝道；只要有了人们和万物的区别，就会产生了仁爱。只要让事物以事物自身的状态存在，就不会产生自私自利的欲望。佛教宣扬世间一切都是虚妄，对世间的事物采取不闻不问，只追求自己心灵上的虚幻的天性，这真是贪图私利的自私行为，并且完全没有自我反省的意思；尽力地去在那虚幻的理论上去追求，尽力地在那虚幻的道路上去前行，如此下去，这样的贪心自私什么时候才是个尽头啊！

【时析】

明末清初，经世致用的思潮在学界兴起，颜元即是重要的领军人物之一。他站在儒家的立场上，用儒家人道为本的文化传统对佛老的虚空进行激烈的抨击，目的就在于改变人们崇空思辩的习风，不要堕入空幻的自私自利，引导人们关注现实人生和社会，以儒家“仁者爱人”的思想处理人与人、人与天地万物的关系。这一点今天仍然显示出重要的意义。

吾之论引蔽习染[1]也，姑[2]以仁之一端观之。性之未发则仁，既发则恻隐顺其自然而出。父母则爱之，次有兄弟，又次有夫妻、子孙则爱之，又次有宗族、戚党、乡里、朋

友则爱之。其爱兄弟、夫妻、子孙，视父母有别矣，爱宗族、戚党、乡里，视兄弟、夫妻、子孙又有别矣，至于爱百姓又别，爱鸟兽、草木又别矣。此乃天地间自然有此伦类，自然有此仁，自然有此差等，不由人造作，不由人意见。推之义、礼、智，无不皆然，故曰“浑[3]天地间一性善也”，故曰“无性外之物也”。但气质偏驳者易流，见妻子可爱，反以爱父母者爱之，父母反不爱焉；见鸟兽、草木可爱，反以爱人者爱之，人反不爱焉；是谓贪营、鄙吝。以至贪所爱而弑父弑君，吝所爱而杀身丧国，皆非其爱之罪，误爱之罪也。又不特[4]不仁而已也。至于爱不获宜而为不义，爱无节文而为无礼，爱昏其明而为不智，皆不误为之也，固非仁之罪也，亦岂恻隐之罪哉？使笃爱于父母，则爱妻子非恶也；使笃爱于人，则爱物非恶也。（《颜元集·存性编》）

【注释】

①引蔽习染：在人性论上，颜元认为人性善，而所谓恶是引蔽习染的结果。去掉引蔽习染，恢复人的善性，正是教育所应起的作用。②姑：姑且，暂且。③浑：全，整个。④特：只，但。

【今译】

我所要论证的是人容易受到错误的蒙蔽和外界环境的影响，现在仅以仁的一个方面来加以考察。人的本性没有表现出来的时候就是仁，如果已经表现出来，那么怜悯之心就会顺着仁的方向自然而然地流露出来。人们对自己的父母就会尊爱，其次是对兄弟的爱，再后是夫妻之间的爱、对子孙的爱，再次又有对宗族、亲戚、乡邻、朋友的爱。人对兄弟、夫妻、子孙的爱与对父母的爱是有差别的，人们对宗族、亲戚、乡邻的爱与对兄弟、夫妻、子孙的爱又是有差别的，至于对百姓的爱也是有差别的，以至于对于鸟兽草木的爱就更有差别了。这就是天地间自然存在的层次，是宇宙自然产生的仁，就会自然有这种层次远近的差别，不是人为造作的，也不由人的主观意志来决定。由仁而推向义、礼、智，没有不是自然而然形成的，因此说“在整个天地之间就都是性善而已”，又说“在天性以外再也没有别的事物了”。但气质偏颇不纯的人这种天性容易流失，见到自己的妻子的可爱，就会用对待父母的爱去爱她，对父母反而不尊爱了；看见鸟兽、草木的可爱，就会用对待爱人的爱去爱它们，对人反而却不爱了，这就是所谓贪营、鄙吝的人，以至于有些人为了得到自己所贪爱的东西就会弑父弑君，会为了吝惜自己所喜爱的东西而身死国丧。这些并不是他们的爱有什么错，而是错在了爱了不应该爱的东西。这不仅仅是不仁那么简单的事。至于说到爱的不正当得到的东西，那就是不义；爱而没有礼仪的节制，那就是无礼；爱得使自己迷失方向，那就是不智了，这些都不要故意去做，本来不是仁的错误，难道是人的怜悯心出了问题吗？假如深深地尊爱着自己的父母，那么爱自己的妻子和孩子就没有什么错；假如你深深地爱着人类自己，那么你爱鸟兽花木也就没有什么不对的了。

【时析】

从这段话中我们不难看出，作者是在性善论的前提下，认为人的本性就是仁，仁的自然流露就是爱。这种爱是有层次的，是从父母到兄弟，再到夫妻、子孙，再到宗族、亲戚、乡邻、朋友，再到百姓，再到鸟兽草木层层扩展的，这显然就是孟子的“亲亲仁民”、“仁民爱物”的细化。作者强调这一层层扩展的爱的次第就是宇宙自然的秩序，不是人为造作的，也不由人的主观意志来决定。因此，人类必须遵循这样的爱的次第，爱得正确、爱得准确，不要误爱。还要把这样的爱与义、礼、智配合起来，确立人类合情合理的伦理道德秩序，以保障社会的和谐稳定。

恣纵[①]既成，不惟礼法所不能制，虽自家悔恨，亦制自家不得。善[②]爱人者，无使恣纵；善自爱者，亦无使恣纵。天理与人欲交战时，要如百战健儿，九死不移，百折不回，其奈我何？如何堂堂天君，却为人欲臣仆？内[③]款受降，腔

子中成甚世界？（《呻吟语·修身》）

【注释】

①恣纵：放任。②善：多，常，易。③内：同“纳”，交入接纳。

【今译】

如果放纵的行为已经形成，那么没有礼法就不能制约，即使自己悔恨不已，也还是自己不能控制自己放纵的行为。常常能够爱人的人，就不会使自己放纵；同样，常常自爱的人，同样也不会自我放纵。在天理与人欲进行激烈斗争时，就要像百战不屈的健儿那样，即使是面临多次死亡的威胁也不能改变他的意志，面对无数挫折也不会屈服，无限的欲望又怎能战胜我对天理的信仰呢？而堂堂的男子汉大丈夫却怎么能成为人欲的奴仆呢？而递送投降条约的人，你的心究竟是怎么一个样子啊？

【时析】

人之为人因为有人欲的存在，容易自我放纵。对于这个人性的弱点，根本的制约是内在的心性修养，发展为自爱和爱人的行为；此外还有外在的礼法制约。当然，在儒家看来，内在的修养是本，外在的礼法是末。无欲则刚，内在的修养战胜了人欲，就会遵循天理，具有刚强的意志和坚强的毅力，成为堂堂的男子汉大丈夫。

古人爱人之意多，今日恶人之意多。爱人，故人易于改过；而视我也常亲，我之教常易行；恶人，故人甘于自弃，而视我也常仇，我之言益①不入。（《呻吟语·应务》）

【注释】

①言益：即“益言”，就是良言。

【今译】

古时的人仁爱的意识多，现今的人厌恶人的意识多。关爱别人，所以人就容易改正自己的过失；由于善于改过，别人看待我时也就会常常亲近我，我的教化也就容易推行；厌恶别人，所以人就会自我放弃，而他们在看待我时也会像仇人一样，而我的良言也不会被他们接受。

【时析】

这是针对君子讲的，如果君子能够关爱别人，别人也就容易认识到自己的过错，且怀感激之情亲近你，这样你就容易推行你的教化；反之，别人不但不会改过，还会把你视为雠仇，这样你就没有办法教育他了。这些思想对于今天的教育工作者特别具有启示，我们的教育可谓不多，功夫可谓不少，但是效果很小，很重要的一个原因是我们缺乏爱心，往往居高临下，进行教条的灌输而不是人性深处的感动，天长日久，被教育者就产生不信任心理、逆反心理，效果自然不大。

为仁之方

仲弓问仁，子曰："……己所不欲，勿施于人。……"（《论语·颜渊》）

【今译】

仲弓问什么是仁，孔子说："……自己不想要的东西，不要加在别人的头上！……"

【时析】

如何实行"仁"，孔子告诉我们，自己不想做的，也不要让别人去做，即"己所不欲，勿施于人"。这是忠恕之道的消极表现，也是它的否定性方面，孔子称之为"恕"，即"推己及人"，这是处理人际关系时最起码的准则，以后儒家都强调"己所不欲，勿施于人"，以实施仁政。

夫仁者，己欲立而立人，己欲达而达人。能近取譬，可谓仁之方也已。（《论语·雍也》）

【今译】

仁德的人，自己要想站得住，同时也要让别人站得住，自己要通达，同时也要让别人通达。凡事都要以自身为例想到别人，这就是实行仁德的方法。

【时析】

如何实行"仁"？孔子还告诉我们，一个人不仅要考虑自己，也要为别人着想。"己欲立而立人，己欲达而达人"，这是忠恕之道的积极表现，也是肯定的方面，孔子称之为"忠"，即"尽己为人"。这比起前面所说的"己所不欲，勿施于人"应该是更进一步的思想，它不只是个人的道德修养，而是表明一种对社会负有的责任，是在社会关系中推广自己的仁心仁德，不仅要造就自己，同时也要造就别人、造就社会。

子曰：“参乎！吾道一以贯之。”曾子曰：“唯。”子出，门人问曰：“何谓也？”曾子曰：“夫子之道，忠恕而已矣。”（《论语·里仁》）

【今译】

孔子说：“曾参呀！我的学说有一个中心思想贯穿着。”曾参说：“明白。”孔子出去了，同学赶紧问曾参：“这个中心思想是什么呀？”曾参说：“夫子的话，可以用两个字来概括：忠恕而已。”

【时析】

“忠恕”两个字简单地说，就是要做好自己的事情，同时要想到别人。拓展一点说，“恕”字是讲你不要强人所难，不要给别人造成伤害；引申一点说，假如他人给你造成了伤害，你也应该尽量宽容。忠恕之道同时就是仁道，所以行忠恕就是行仁。行仁就必然在社会中要履行一定的责任和义务，因而，忠恕之道就是人的道德生活的开端和终结。

是故欲人之爱己也，则必先爱人；欲人之敬己也，则必先敬人。（《郭店楚简·成之闻之》）

【今译】

因此，要想别人爱护自己，就必须先爱护别人；要想别人尊敬自己，就必须先尊敬别人。

【时析】

《郭店楚简·成之闻之》是先秦儒家佚书，反复阐述治人者必须“求诸己”“求之于己”“反诸己”的道理。最重要的就是要处理好“爱人”和“敬人”的关系，用现代一点的说法就是“要人爱护你，你先要爱护人；要人尊重你，你先尊重人。”“爱己”和“爱人”、“敬己”和“敬人”实际上是统一的。

孟子曰：“爱人不亲反其仁，治人不治反其智，礼人不答反其敬。行有不得者，皆反求诸己，其身正而天下归之。诗云：‘永言配命，自求多福。’①”（《孟子·离娄上》）

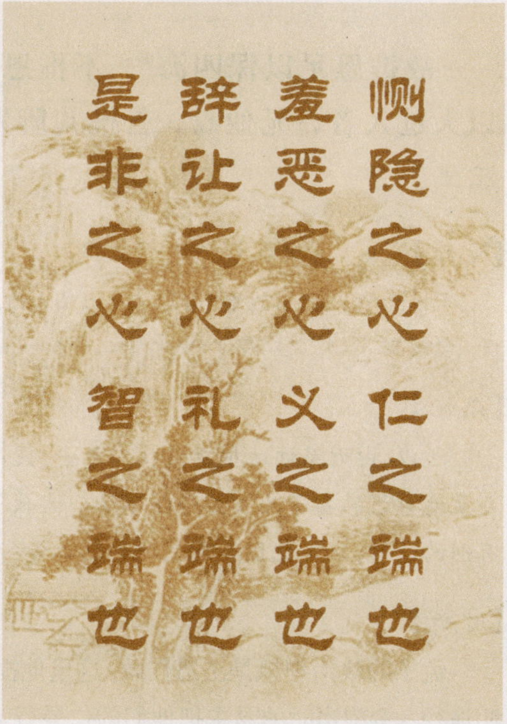

孟子语

【注释】

①这两句出自《诗经·大雅·文王之什》。

【今译】

孟子说：“我爱别人而别人不亲近我，应反问自己的仁爱之心够不够；我管理别人而未能管理好，应反问自己的知识能力够不够；我礼貌地对待人而得不到回应，要反问自己态度够不够恭敬。行为有得不到预期效果的，都要反过来求问自己。自身端正了，天下的人就会来归附他，就像《诗经》上说的：‘永远配合天命，自己求来众多的幸福。’”

【时析】

当一个人的行动未得到对方相应的反应时，就应当首先反躬自问，好好检查自己。别人为什么拒绝你的仁爱，别人为什么不服从你的管理，别人为什么不以礼待你，这就是“反求诸己”。你应该反省，自己的仁爱是否真诚，自己的智慧是否太低，自己的礼仪是否恭敬。一般来说，通过别人对你的态度，可以看到自己的缺点，进而加以改正，积极主动地与人为善。如果反躬自问自己的仁已够了，礼也够了，那么一般说来是会得到别人相应的仁爱和礼遇的。这样，如果你来治理天下，自身端正了，天下的人就会来归附你。

故推恩足以保四海①，不推恩无以保妻子②。古之人所以大过人者，无他焉，善推其所为而已矣。（《孟子·梁惠王上》）

【注释】

①推恩：移恩，广施恩惠。四海：古人认为中国四境都有海，所以称全中国为“四海之内”“海内”或“四海”。②妻子：妻子儿女。

【今译】

所以，由近及远地把恩惠推广开去，便足以安抚天下；如果不这样的话，甚至连自己的妻子儿女都保护不了。古代圣贤所以能大大超过一般人，没有别的诀窍，只是他们善于把他们的仁爱行为推及到其他事物上罢了。

【时析】

孟子的政治理想是王道仁政，这里他提出“推恩”作为“保民而王”的现实途径，希望当时的君主把他们的仁爱行为推及到天下百姓乃至其他事物上，就把王道概念具体化了，并用对比的手法说明“推恩”与“不推恩”的不同结果，发人深省。

有人于此，其待我以横逆①，则君子必自反也：我必不仁也，必无礼也，此物奚宜②至哉？其自反而仁矣，自反而有礼矣，其横逆由③是也，君子必自反也：我必不忠。自反而忠矣，其横逆由是也，君子曰：“此亦妄人也已矣。如此则与禽兽奚择④哉？于禽兽又何难⑤焉？”（《孟子·离娄下》）

【注释】

①横逆：横暴无理的行为。②奚宜：怎么应当。③由：通“犹”。④择：区别。⑤难：责难。

【今译】

假如有个人，对待我蛮横无礼，这样君子就应该反省：我一定有不仁之事，一定有无礼的地方，不然的话，他怎么会对我这样呢？经过自我反省，认为自己没有不仁之事，也没有无礼的地方，那人仍然对自己蛮横无礼，君子必定再次反躬自问：我一定不忠吧？如果反躬自问是忠的，而那人仍然蛮横无礼，君子会说："这样的人和禽兽有什么区别呢？而对禽兽又有什么可责难的呢？"

【时析】

人们在现实生活中往往会遇到比较麻烦的人和事，遭到一些粗暴蛮横的待遇。在这种情况下，君子就要反躬自问。通过反躬自问，自己有没有做什么不仁之事，有没有什么无礼的地方。如果确实没有做的不对的地方，君子就会心安理得。

人主不佯①憎爱人。佯爱人，不得复憎也；佯憎人，不得复爱也。（《韩非子·外储说右下》）

【注释】

①佯（yáng）：假装。

【今译】

君主不能假装憎恶或喜爱臣下，假装喜爱就不得又去憎恶他，假装憎恶就不要再去喜欢他。

【时析】

韩非子的这段话就是要求君主在政治活动中要做到情感真诚，内外一致，爱憎分明。这不但是我们今天的领导干部、公务员在工作中的基本要求，也是对普通人在生活中的基本要求，是建立良好的人际关系、构建和谐社会的基本内涵。

所恶于上①，毋②以使下。所恶于下③，毋以事上。所恶

于前，毋以先后[4]。所恶于后，毋以从前[5]。所恶于右，毋以交[6]于左；所恶于左，毋以交于右。此之谓絜矩[7]之道。（《礼记·大学》）

【注释】

①上:在上位的人。②毋(wú):不要。③下:在下位的人。④先后:再去影响以后。⑤从前:追随以前的。⑥交:交互,传递。⑦絜矩:絜(xié),泛指度量,有如天平秤的"杠杆",不偏不斜才得中正平衡。"矩",就是规矩的"矩"。

【今译】

令人厌恶的做法来自上位,就不要用来使在下位的人身上;令人厌恶的做法来自下位,就不要用来再去施用于在上位的人身上。令人厌恶的做法是在以前就有的,就不要用来再去影响以后;令人厌恶的做法是在后来就明白了的,就不要用来再去追随以前的做法。令人厌恶的做法来自于右面的人,就不要再传递给左面的人;令人厌恶的做法来自于左面的人,就不要再传递给右面的人。这就是君子的规矩标准的落实方法。

【时析】

我们每个人都在自己的"位"上,这个"位"可以是时间上的,也可以是空间上的;可以是家庭中的,也可以是政治、社会上的。只要有了这个"位",便有上下之分、前后之别,而且所有的上下前后都是相对而言,而不是固定不变的。在这样复杂的人际关系网络中,我们做我们应该做的事情,不以自己所恶之事加诸上下前后左右,即是恕道。我们厌恶欺骗行为,我们就不应该再去欺骗别人;我们厌恶贪污腐败,我们就应该保持清正廉洁;我们厌恶某些做法,就不应该再把这些做法施用于他人。一个人能够这样去修养、去作为,才能符合君子的规矩,才能起到表率、示范的作用。

忠恕违道[1]不远。施诸己而不愿，亦勿施于人。（《礼记·中庸》）

【注释】

①违道:离道。违,离。

【今译】

一个人做到忠恕，离道也就差不远了。什么叫忠恕呢？自己不愿意的事，也不要施加给别人。

【时析】

《礼记·中庸》中的这一思想源于孔子，就是《论语·雍也》中的“己欲立而立人，己欲达而达人”否定的表达，与《论语·卫灵公篇》“己所不欲，勿施于人”的意思一样，要求在处理人与人的关系上合乎忠恕之道。我们在生活中不要对人求全责备，而应该设身处地、将心比心地为他人着想，自己不愿意的事，也不要施加给他人。因为金无足赤，人无完人，不要说人家，就是自己，不也还有很多应该做到的而没有做到吗？所以要反求诸己，用今天的话说就是要开展批评和自我批评。

君子之爱人①也以德②，细人③之爱人也以姑息④。（《礼记·檀弓上》）

【注释】

①爱人：爱护别人。②德：德行。③细人：小人。④姑息：无原则的宽容。

【今译】

君子是以道德为标准来爱护人，小人用无原则的宽容他人来爱护人。

【时析】

人们应该有爱心，应该懂得爱护别人，但是什么是真正的爱护？很多人其实是似是而非的。比如说大人对小孩有严爱和溺爱之分，在社会上更多是因为关系的亲疏远近而有不同差别的爱，这是可以理解的。这里区分的是君子和小人在对待爱的问题的本质性差异，君子是以道德为标准来爱护人，是真正的爱人，而小人用无原则的宽容他人来爱护人，实际上往往是害人。

卫灵公谓孔子曰：“有语寡人为国家者，谨之于庙堂之上而国家治矣，其可乎？”孔子曰：“可。爱人者，则人

爱之；恶人者，则人恶之；知得之己者，亦知得之人；所谓不出于环堵①之室而知天下者，知反②之己者也。”（《说苑·政理》）

【注释】

①环堵：四周环着每面一方丈的土墙，形容狭小、简陋的居室。②反：类推。

【今译】

卫灵公问孔子：“有人对我说治理国家，只要谨慎于庙堂上的祭祀，国家就可以得到治理，您认为这样可行吗？”孔子说：“可以。爱人的人，人们就会爱他；厌恶别人的人，人们也就厌恶他。知道怎样对待自己，也就知道怎样对待别人了；所谓不出斗室之外却能够通晓天下的事情，这是因为他知道通过自己来类推别人的缘故。”

【时析】

卫灵公向孔子请教，在庙堂上谨慎的祭祀就可以治理好国家吗？孔子给予肯定的回答，并进行了阐释，说明人们之间的爱、恨和理解都是互相的。因此，人应该反求诸己，将心比心，推己及人，这是为政者的基本素质，也是庙堂上祭祀礼仪发挥作用的前提。

孔子曰：“以富贵为人下者，何人不与①？以富贵敬爱人者，何人不亲？”（《说苑·杂言》）

【注释】

①与(yǔ)：类，同类。

【今译】

孔子说：“一个富贵的人能降低自己的身份与别人相处，还有什么人不愿意和他交朋友呢？一个富贵的人能尊敬和爱护他人，还有什么人不愿意亲近他呢？”

【时析】

世上的人都汲汲以求富和贵，这固然是需要经过艰苦奋斗，经历艰难曲折，付出许多时间、精力和智慧的。富贵了以后怎么办？孔子早就教导人们“富而有礼”（《礼记·表记》）、“贵不慊于上”（《礼记·坊记》），就是这里说的富贵而能居人下，更可贵的是富贵而能敬爱人。这一点对于刚刚走上小康之路的中国尤其具有现实意义，今天中国大陆的富贵者日益多了起来，与此同时也出现了一种仇富心理，而这些富贵者应该反思的是为什么会有仇富心理，怎么通过自己的真诚努力，以获得人们的尊敬和爱戴。不要狂妄傲慢，奢侈浪费，更不要骄奢淫逸，而要向社会献爱心。

以责人之心责[1]己则尽道，所谓“君子之道四，丘未能一焉”[2]者也；以爱己之心爱人则尽仁，所谓“施诸己而不愿，亦勿施于人”[3]者也；以众人望[4]人则易从，所谓“以人治人，改而止”者也。此君子所以责己、责人、爱人之三术也。（《张载集·正蒙·中正篇》）

【注释】

①责：责令；要求。②语出《中庸》，君子的四项“道”指的是“所求乎子以事父；所求乎臣以事君；所求乎弟以事兄；所求乎朋友先施之”。③语出《中庸》，也就是《论语·颜渊》：“己所不欲，勿施于人”。④望：怨恨，责怪。

【今译】

用要求别人的心态来要求自己就达到了道高度，这就是孔子所讲的“君子的道有四项，可我孔丘连其中的一项也没有做到”；用像爱护自己一样的心情去爱护他人，这就达到了仁的水平，即就是孔子所讲的“对自己来说都不愿做的事情，就不要去对待别人了”。如果大家都批评一个人，那么他就应该能够顺从，这就是“君子之治人也，即以其人之道，还治其人之身。其人能改，即止不治。”这就是君子用以要求自己、要求别人、关爱别人的三条原则。

【时析】

这是宋初大儒张载对孔子思想的综合性发挥，概括出君子责己、责人、爱人三个基本原则。特别是“以责人之心责己”“以爱己之心爱人”说得非常经典,如果谁能够做到,将是人类道德修养的最高境界。以对待自己的态度(心情)对待别人:人一般都对自己是比较好,比较宽容的,要用这种态度去对待别人,设身处地多为别人着想。以对待别人的态度(心情)对待自己:人一般对别人比较苛刻,一旦做错了就会批评,难以接受,要用这种态度去对待自己,常常自省。

君子爱①人深,恶②人浅;爱人长,恶人短;小人反是。人自信易,令人信之难,令圣贤人信之尤难。故百庸人服之,不如一君子信之也。(《颜元集·颜习斋先生言行录·常仪功》)

【注释】

①爱(ài):喜好。②恶(wù):讨厌;憎恶。

【今译】

有道德修养的仁人君子,对别人的爱意深厚,而对别人的恶意较少;喜欢别人的优点,厌恶别人的缺点;没有道德修养的小人则恰恰相反。人自己相信自己是很容易的,要让别人相信自己就比较难,而要取信圣贤就更是难上加难。因此,让一百个平庸的人佩服自己,不如取信一位仁人君子。

【时析】

这段话在君子与小人相对意义上讨论君子如何爱人,小人则恰恰相反。君子为人宽厚,他有一颗包容的心,能"爱人之长,恶人之短",躬自厚而薄责于人,所以受到人们尊敬信服,这是一种很高的人生境界。强调取信于人的重要性,取信于庸人意思不大,取信于君子才是最重要的。

恕者行仁之方也,尧舜之仁,终身恕焉而已矣。勉然之恕,学者之行仁也。自然之恕,圣人之行仁也。能恕则仁矣。(《论学小记·进德》)

【今译】

恕是行仁的基本途径。尧舜的行仁，就是终身行恕道罢了。能够勉强行恕道，就是学者的行仁。自然而然地行恕道，就是圣人的行仁。能够行恕道的人就达到了仁的境界。

【时析】

这是刘宝楠《论语正义》引程瑶田在《论学小记·进德》说的一段话，强调“恕”为行仁之方，像古代尧舜这样的圣王终身都在行恕道。学者学恕，勉强而行，逐渐接近仁，进而求得大道，这样，修己而安人，终身行之，才可以不愧为人。只有不断努力，才能达到圣人境界，这个时候行仁就是孔子讲的“从心所欲，不逾矩”，是自然而然地行恕道。可见恕道是有深浅、次第的。

仁者自爱

治人事天莫若啬[1]。夫唯啬，是谓早服[2]。早服谓之重积德[3]。重积德则无不克，无不克则莫知其极。莫知其极，可以有国，有国之母[4]，可以长久。是谓深根、固柢[5]、长生、久视[6]之道。（《老子》第五十九章）

【注释】

①啬：节俭、爱惜的意思。②早服：预作准备。③重积德：不断地积聚德。④母：根本。⑤柢：树根，特指直根，比喻事物的本源或基础。⑥久视：垂于永久。视，通“示”。

【今译】

治理世人与敬奉上天，都要爱惜精神，积蓄精力。只有精神不妄泄，就能够早做准备；早做准备，是说要不断地积聚德。能够不断地积聚德，就能无往而不胜。无往而不胜，便没有人了解你力量的极限。没有人了解你力量的极限，就可以拥有国家了。这就是拥有国家的根本，这样就永保长久。这就叫做把根扎深，把柢加固，长期生存，垂于永久的“道”。

【时析】

老子认为：治理世人与敬奉上天最根本是维持生命的存在。维持生命的存在根本的就是要爱惜精神，积蓄精力，凝聚道德，增强自己生命的力量。这样，你才可以拥有国家，有治理天下的机会。最后，老子以“深根固柢、长生久视”来概括这个“道”。对个人生命存在而言，这是一种长寿之道；对一个国家而言，这是长治久安之道。

圣人自知不自见[1]，自爱不自贵。故去彼取此。（《老子》第七十二章）

【注释】

①自见:不自我表现,不自我标榜。

【今译】

有道的圣人不但有自知之明,而且也不自我标榜;自我爱惜,但不自以为高贵。所以,要舍弃后者(自见、自贵)而保持前者(自知、自爱)。

松寿图

【时析】

老子对当时社会抱着批判态度,而把希望寄托在理想中的圣人身上。圣人有自知之明,有自爱之心。他不会自我显示,不会自我抬高,这样就可以取得人民群众对他的拥护和支持。他希望统治者不要自居高贵,而要自知、自爱,抛弃自见和自贵,这样,就不会遭到人民的反抗,维持社会的稳定。

仁者寿。(《论语·雍也》)

【今译】

有仁德的人长寿。

【时析】

仁者能够常怀爱心,宽厚大度,没有自私的偏执和妄求,没有嫉贤妒能的忧虑和嫉恨,始终能保持心平气和、泰然自若和坦坦荡荡的心态,这是养心之道,更是长寿关键。现代医学不是说明健康的心理比健康的体魄更重要吗?有首流行歌曲《好人一生平安》唱得很好,现实中忠厚老实的人虽不见得都能健康长寿,但好人因为没有过多的心理负担而活得心安理得,睡得安稳自在,比起那些心怀鬼胎、心术不正的人,日子要过得舒心坦然,自然要健康、快乐得多,因此大都能安享天寿,颐养天年。

爱人不外己，己在所爱之中。己在所爱，爱加于己。伦列之爱己[1]，爱人也。(《墨子·大取》)

【注释】

①伦列：墨子说："义可厚，厚之；义可薄，薄之，谓伦列。"(《大取》)伦列之爱己，是根据义的要求来进行的。

【今译】

爱人并不把自己排除在外，自己也在所爱之中。自己在所爱之中，所以爱也就加于自己。以义为标准的爱己，也就是爱人。

【时析】

这段话的中心思想是"伦列之爱己，爱人也"，是墨家对爱人的定义。在以义为标准的爱己中，爱己如爱人。爱己并非必然不义，只要它与爱人内在统一起来，也是义而不是不义。我在所爱之中，但我不是在所爱之中居于优先地位的，这就是墨子所肯定的爱己，与儒家形成了强烈的对比。

子路[1]入，子曰："由！知者若何？仁者若何？"子路对曰："知者使人知己，仁者使人爱己。"子曰："可谓士矣。"(《荀子·子道》)

【注释】

①子路：仲由(前542—前480)字子路，又字季路，鲁国卞(今山东泗水县泉林镇卞桥村)人，孔子得意门生，以政事见称。为人伉直鲁莽，好勇力，事亲至孝。除学诗、礼外，还为孔子赶车，做侍卫，跟随孔子周游列国，深得器重。孔子称赞说："子路好勇，闻过则喜。"

【今译】

子路进来。孔子说："仲由！明智的人是怎样的？仁德的人是怎样的？"子路回答说："明智的人能使别人了解自己，仁德的人能使别人爱护自己。"孔子说："你可以称为士人了。"

【时析】

利己之心源自生物本能，是谋求生存和发展的根本动力，儒家以爱己为天经地义、光明正大。但是,“唯人为万物之灵”(《尚书·泰誓》),人类与鸟兽的根本不同之处,在于拥有灵性创造能力,应该懂得寻求超越生物本能,体现“人之所以为人”的最高明的爱己之道。这个最高明的爱己之道,就是弘扬利他的爱心或公心,通过利己与利他之心的优化调谐,经由“仁者爱人”,达到“仁者使人爱己”的境界。

颜渊[①]入,子曰:“回!知者若何?仁者若何?”颜渊对曰:“知者自知,仁者自爱。”子曰:“可谓明君子矣。”(《荀子·子道》)

【注释】

①颜渊:颜渊(前521—前481),名回,字子渊。春秋末期鲁国人。在孔门弟子中,颜回最称高足,其品德与学业均翘居群首,是孔子多次赞许的弟子。在《论语》中有六处孔子赞扬颜渊的句子。颜渊死时,孔子是悲恸欲绝。颜渊勤奋好学,不为生活艰苦所困。尽管颜渊没有著述传世,但他以其习行与品德,为后世儒者树立了一个光辉的典范。

【今译】

颜渊进来。孔子说:“颜回!明智的人是怎样的?仁德的人是怎样的?”颜渊回答说:“明智的人有自知之明,仁德的人能自尊自爱。”孔子说:“你可以称为贤明君子了。”

【时析】

这里指明为人之道系由利己的“仁者自爱”为基点,展现利他的“仁者爱人”的最高境界。自爱不是自恋,是自律、自尊、自强。一方面,依推己及人的原则,一个人如果不知自爱,没有自己的情感体验,如何能够爱人呢?自爱与爱人是相通的,另一方面,自爱不仅是自己对自己的事情,它也要在人—我关系中实现,即有被他人尊重的要求。一个人如不自爱又何来他人爱己的需求呢?长期以来,我们过分强调爱人,没有注意到自爱。没有自爱作为基础,爱人也是悬空的。当然,今天我们要建设和谐社会,爱己爱人都是我们要关注的。

人之所欲生甚矣，人之恶死甚矣，然而人有从①生成②死者，非不欲生而欲死也，不可以生而可以死也。（《荀子·正名》）

【注释】

①从：同“纵”，纵使，即使。②成：就。

【今译】

人的欲望当中，没有比要生存更强烈的了；人的厌恶当中，没有比死亡更强烈的了。然而，人也有舍生而求死的，并不是不想生而想死，而是因为在某种情况下不可以偷生而应当去死。

【时析】

在儒家那里，生是人类发自本能的一种欲望，流露出贵生厌死的倾向。然而，儒家虽然重生，但并不刻意强求生命，儒家所说的“死生有命，富贵在天”，把人的生死看做是一种自然的流变，是任何手段都无法更改的自然规律，因而对死亡抱有一种顺其自然的超然态度。但儒家毕竟与道家一味地顺应自然不同，如果面对道义与生命的不可兼得的选择时，儒家是舍生取义，荀子这里的“不可以生而可以死”时的情况就是孟子“鱼与熊掌不可兼得”时的舍生取义。

大德……必得其寿。（《礼记·中庸》）

【今译】

有大德的人……必定得到他应得的长寿。

【时析】

儒家特别注重个人道德修养在养生中的作用，强调个人养德的积极性、主动性，以达到道德自我完善的境界，并认为这是人们得以长寿的基本要素。现代医学理论认为，人是大脑皮层统率的最完善生物体。因此，心理因素对人的健康有着极其重要的作用。道德感是人的一种社会性高级情感。自我道德感的满足，缓解了这方面的情感矛盾，减少了心理冲突，并通过大脑皮层，又给生理机制带来良性影响，从而有益于人的健康。

身体发肤，受之父母，不敢毁伤[1]，孝之始也。（《孝经·开宗明义》）

【注释】

①毁伤：亏损为毁，见血为伤。

【今译】

人的身躯、四肢、毛发和皮肤，都是父母给予的，作为孝子就千万不敢使其有所亏损、毁坏和伤害，这是孝道的起点。

【时析】

儒家的爱身与道家不同：道家的爱身是特别看重个体生命的价值，力图通过修道、积德、养生诸术，性命兼修，突破生死大限，实现长生不老，而儒家则是把自己身体与对父母的孝道联系在一起，认为保护好身体是对父母孝的起点。前者的爱身是自然主义之身，后者的爱身是人伦道德之身。

无贤不肖，莫不欲长生久视[1]。（《吕氏春秋·重己》）

【注释】

①视：活。

【今译】

无论一个人是贤明还是不肖，没有不希望长生不老的。

【时析】

长生不老是人人所渴望的，与人的道德无关。

倕[1]，至巧也。人不爱倕之指，而爱己之指，有之利故也。人不爱昆山之玉、江汉之珠，而爱己一苍璧小玑，有

之利故也。今吾生之为我有，而利我亦大矣。论其贵贱，爵为天子，不足以比焉；论其轻重，富有天下，不可以易之；论其安危，一曙失之，终身不复得。此三者，有道者之所慎也。（《吕氏春秋·重己》）

【注释】

①倕(chuí)：人名，相传为中国上古尧舜时代的一名巧匠，善做弓、耒、耜等。

【今译】

倕，是最灵巧的人。人们不爱惜倕的手指，却爱惜自己的手指，这是由于有了自己的手指就有利于自己的缘故。人们不爱惜昆山的美玉、江汉的宝珠，却爱惜自己的一块驳杂的玉石、一颗不圆的小珠，这是由于它属于自己而有利于自己的缘故。现在我的生命归我所有，而给我的好处也是极大的。论天的贵贱，即使尊为天子，也不足与它相比；论它的轻重，即使富有天下，也不能同它交换；论它的安危，一旦失掉它，终身不能再得到。这三个方面，是有道之人特别小心谨慎的。

【时析】

这一段话是《吕氏春秋·重己》的中心段落，讲自己的生命如何重要。先从人不爱倕之指而爱己之指、人不爱昆山之玉而爱己之玉说起，层层深入，认为自己的生命与天子之尊，与天下之富不能相比，一旦失掉则无可挽回，最后把生命问题提高到道的高度，强调这三方面是有道者特别小心谨慎的。

耳不乐声，目不乐色，口不甘味，与死无择。古人得道者生以寿长，声色滋味能久乐之。奚故？论早定也。论早定则知早啬①，知早啬则精不竭。（《吕氏春秋·情欲》）

【注释】

①早啬：早点懂得吝啬，即克制欲望，吝惜自己的精力。

【今译】

耳听音乐不感到快乐，眼观色彩不感到愉快，口尝佳肴不感到甘美，这与死没有什么区别了。古代的有道之人，生命得以长寿长久，音乐、色彩、美味能够长久地享受，这是什么缘故呢？这是因为贵生的主张早就确立了。这观念早一点确立，就能使人早点懂得爱惜自己的生命；早点懂得爱惜生命，精神就不会枯竭。

【时析】

这是说，耳须能享受好的声音，眼须能享受好的颜色，口须能享受好的味道，一个人活着不就是要享受嘛，如果失去了对声、色、味等欲望的追求，跟死了有什么区别？肯定了感官欲求的满足是人生最高意义。但是要想长久生活，长久享受这些享乐，必须保持着生命的存在，不要早死，所以要在很早的时候就爱惜自己的身体，在追求感官快乐到足以害生时，就必须对于欲望加以克制。

君子之自行①也，敬人而不必见敬，爱人而不必见爱。敬爱人者，己也；见敬爱者，人也。君子必在己者，不必在人者也，必在己无不遇矣。（《吕氏春秋·必己》）

【注释】

①自行：自己实行；自己处理。

【今译】

有道德的君子在自己行事过程中，尊敬他人而不一定也要别人尊敬自己，关爱他人也不一定要别人关爱自己。尊敬和关爱他人，是自己应该做的，被别人尊敬和关爱，是别人的事。君子一定在意的是自己，而不一定要求别人回报，一定在意自己是没有不得到回报的。

【时析】

这段话告诉我们君子的行事准则，首先考虑自己敬人爱人，而不是对别人如何如何的要求。强调君子一定要严格要求自己，而不必在意别人是否回报了自己。只要严格要求自己,并不因外部变数而荒殆,终究会被社会赏识的。

凡事之本,必先治身,啬其大宝①。用其新,弃其陈,腠理②逐通。精气日新,邪气尽去,及其天年。(《吕氏春秋·先己》)

【注释】

①啬其大宝:啬,爱惜。大宝,指身体。②腠理:皮肤、肌肉的纹理,分皮腠、肌腠等。有时又指皮肤和肌肉的交接处,合称皮腠。腠理是渗泄液体、流通和合聚元气的场所,有防御外邪侵袭的功能。

【今译】

大凡成事的根本,一定要先修治自身,爱惜自己的身体。不断地吐故纳新,皮肤、肌理就会保持通畅。精气天天更新,邪气完全除去,享尽自己的天年。

【时析】

商汤伐夏桀而有天下。殷商初立,有一个如何治理天下、巩固政权的问题。为了此事,商汤找来朝中的贤臣伊尹,向他求教治国良策。伊尹就说了这一段语意双关的话,它既含有政治上的内容,又讲述了气功锻炼的方法和结果。这也明确地证实,在我国商朝的初期,气功不但在实践中逐步完善和发展,而且已经渗入到了治理国家的方略之中。伊尹强调治国从治身入手,既有政治上严格要求自身的含义,又有加强气功锻炼,增强人们体质的内容,是很有道理的,今天仍然有其参考意义。

帝问至道于广成子①,广成子曰:"至道②之精,窈窈冥冥;至道之极,昏昏默默。无视无听,抱神以静,形将自正。必清必静,无劳汝形,无摇汝精,无思虑营营,乃可以长生。"(《黄帝外经·阴阳颠倒篇》)

【注释】

①帝:即轩辕黄帝。广成子:黄帝时期隐居崆峒山的有道高士。据《史记》载,黄帝在位十九年躬亲问道于广成子,受传至道。《庄子·在宥篇》亦有类似的记载。②至道:至,即最。道,即道路,引申为"人生必由之路",古人把道视为人生必须遵循的自然规律。至道,即最好的养生之道,或称最好的养生的客观规律。

【今译】

黄帝就什么是最好的养生之道向广成子请教,广成子回答说:"最好养生之道的精髓是窈窈冥冥的,最好养生之道的至极是昏昏默默的。不要看什么东西,不要听什么声音,持守住精神得以安静下来,形体自然就会健康。内心一定要非常清静,不会无谓地劳损你的形体,不会无端地摇动你的精神,不会多思过虑,汲汲营营。做到这些,自然就可以健康长寿。"

【时析】

广成子答黄帝问这段话,浓缩了古代养生理论的精华,堪称中华古老养生文化的"活化石",被道家视为内丹修炼的理论源头。当黄帝向广成子请教:什么是最好的养生之道?广成子回答说,最好的养生之道是看不见、摸不着的客观规律。因为客观规律是看不见、摸不着的,所以要"无视无听"。无视无听,不是真的让你闭目、塞听,而是说不要妄视、妄听。对外界瞬息万变、五光十色、影响身心健康的事物,千万不能执著,看就像没有看见,听就像没有听到,一切按客观规律而行,才能使精神安静下来,形体自然就会健康。这和《内经》所说的"正气内存,邪不可干"和"精神内守,病安从来"是一脉真传。如果人们能够顺其自然,没有私欲,没有妄念,内心达到必清必静,既不会无谓地劳损形体,也不会无端地摇动精神,更不会患得患失,营营役役,自然就可以健康长寿。

身也者,父母之遗体①也,行父母之遗体,敢不敬乎?
(《礼记·祭义》)

【注释】

①遗体:父母遗留下来的肉体,不是今天所谓"遗体"(尸体)。

【今译】

每个人的身体，都是父母遗留下来的。人们行住坐卧的身体就是父母遗留下来的，岂敢不尊敬啊！

【时析】

这是从人们的身体与父母的血肉联系上讲自敬，也是在讲孝道。自敬自爱实质上就是对父母的敬爱，就是孝道。

故君子一举足不敢忘父母，一出言不敢忘父母。一举足不敢忘父母，故道而不径①，舟而不游，不敢以先父母之遗体行殆②也；一出言不敢忘父母，是故恶言不出于口，忿言③不及于己。然后不辱其身，不忧其亲，则可谓孝矣。

（《大戴礼记·曾子大孝》）

【注释】

①道：行大道。径：抄小路。②行殆：行危殆之地。③忿言：怨恨之言。

【今译】

所以君子行动时不敢忘记父母，害怕污损了父母给予的身体；君子说话时不敢忘记父母，害怕玷污了父母的名声。如果能够做到行动时不敢忘记父母，就走上了大道而不是徘徊在小路上。君子如果要渡过江河，应该乘船而不是游涉，不敢让父母给予的身体走动到危险的地方。说话时不敢忘记父母，因此恶毒的话就说不出口，怨恨的话就与己无关。这样的话，不会羞辱父母给予自己的身体，不会让双亲担心忧虑，就可以说是符合孝道了。

【时析】

不论孝道思想再推衍，再庞大，总是以受之父母遗体为开端。这段话主要就是告诫君子言行举止，时时刻刻不敢忘记父母、忘记父母给予的身体，要以父母遗训为准则，“不辱其身，不忧其亲”，这才是真正恪尽了孝道的人。这样的君子，对于社会的影响必然是积极的，这大概就是儒家以孝治天下的思想基础。

人必其自爱也，而后人爱诸；人必其自敬也，而后人敬诸。自爱，仁之至也；自敬，礼之至也。未有不自爱敬而人爱敬之者也。（《法言·君子》）

【今译】

人必须先自爱，而后别人才能爱他；人必须先自敬，而后别人才能敬他。自爱是仁的极致，自敬是礼的极致。世界上没有不自爱自敬而能够被别人爱和敬的。

【时析】

这句话强调了人要自尊自爱，意思是人一定要自爱，而后才能被他人所爱；人一定要自尊，而后才能被他人尊敬。自爱是最高标准的仁，自敬是最高标准的礼。世界上没有不自爱自敬而被别人爱和敬的。自尊自爱是关爱他人的必要前提。一个自暴自弃的人，不会对他人产生友好行为。丧失了自信心和责任感的人，也常常对别人采取损害的行为。

全生葆真，不以物累形，杨子之所立也。（《淮南子·氾论训》）

【今译】

保全自己的生命，保持纯真的本性，不因为外物而役累自己的身体，这些就是杨朱确立的基本观点。

【时析】

本条语录是《淮南子·氾论训》对杨朱思想的概括。杨朱重"生"，"生"就是生命，生命的载体就是身体，没有身体就无所谓生命。因此，杨朱特别强调养身的重要意义，生活中的一切都是为了养生，这就是"全生葆真"。全生葆真是人生的最高境界，也是人生追求的终极目标。此外，他主张修身养性的一个重要的意旨就是要反对"以物累形"，即人们只注重对物质利益的追求以至于使人为物所奴役。他的"全生葆真，不以物累形"为人们提供了一种贵己的方法和途径，即治内，加强内心的修养，以便能领会养生之道的精神实质，摆正人与物的关系，通晓物为人役的道理。

盖欲人之敬之，必见自敬焉。（《抱朴子·外篇·刺骄》）

【今译】

要别人尊敬你，必须自己先尊敬自己。

【时析】

这句话意思很清楚，人的自我尊重是让别人尊重自己的前提。

夫生不可不惜哉，不可苟惜。涉险畏之途，干祸难之事，贪欲以伤生，谗慝[①]而至死，此君子之所惜哉；行诚孝而见贼[②]，履仁义而得罪，丧身以全家，泯[③]躯而济国，君子不咎[④]也。（《颜氏家训·养生》）

【注释】

①谗慝（chántè）：进谗陷害。②诚孝：即忠孝，避隋讳改。贼：杀害。③泯：灭，尽。④咎：抱怨。

【今译】

生命不可以不珍惜，也不可以无原则地吝惜。如果踏上那危险可怕的道路，做下招灾蒙难的事情，贪图肉欲而损伤身体，遭受谗言而枉送性命，这是君子所惋惜的；如果是奉行忠孝而被杀害，施行仁义而获罪责，舍身以保全家庭，捐躯以拯救国家，这些情况下君子是不会抱怨的。

【时析】

这段话告诉人们，人要学会珍贵自我之生命，不要故意去冒险、去招祸惹灾、去过分贪欲、遭受谗言而致死，等等。这都是人们在生活中所必须避免的。但假如一个人行诚孝、履仁义，为家为国而捐躯，则死得其所，这是人之生命的不可“惜”之处。从某种意义上讲，保护自身不受伤害是孝的根本价值规定，唯其如此，方能为尽孝行善提供最起码的保障，这是不难理解的，而且，这对于那些不能敬养父母的人也是一种最起码的约束，他们至少要做到不辱其身，在不得毁伤“父母遗体”的告诫下，使他们不敢恣意妄为，这对维护社会稳定是有利的。实际上，奉行孝道的中国人常将道德价值看得高于生命价值，极富献身精神。在中国历史上，不仅为父母尽孝而毁伤自身者屡见不鲜，而且为国家尽忠奋不顾身者也不胜枚举。

欲知人者，必先求知己，欲爱人者，必先求爱己，此亦理之所必然，而君子之所不能易者也。……知己者，智之端也，可推以知人也；爱己者，仁之端也，可推以爱人也。夫能尽智仁之道，然后能使人知己、爱己。是故，能使人知己、爱己者，未有不能知人、爱人者也；能知人、爱人者，未有不能知己、爱己者也。（《王安石全集·荀卿》）

【今译】

人们想要了解别人，必须首先了解自己，想要爱护别人，必须先爱护自己，这也是道理的必然，而有道德修养的君子也不能例外啊。……所谓了解自己，是智慧的开端，由此可以推而广之以了解别人；所谓爱护自己，是仁爱的开端，由此可以推而广之以爱护别人。如果能够通晓智慧和仁爱的道理，然后就能够使人们了解自己，爱护自己。这样的话，能够使人了解自己、爱护自己的人，就不可能不了解别人，爱护别人；能够了解别人、爱护别人的人，没有不能够了解自己，爱护自己的。

【时析】

这条语录非常有逻辑地讲清楚了知己与知人、爱己与爱人的关系。所强调的是知己、爱己的前提和基础作用。用现在的话说，人自以为最了解人，其实，许多事实说明，人往往最不了解人。人自以为最了解自己，其实，许多事实又说明，人也往往最不了解自己。知人与知己的重要性已为人们普遍认同，问题在于为什么有的人一轮到自己，一遇到具体问题就犯糊涂？这是人们应当认真思考的。至于爱护自己和爱护别人，美国著名思想家弗洛姆在《自私、自爱和自利》一文中有一段话说得很好：“生命、幸福、成长和自由的肯定，根植于他自己爱的能力，即关怀、尊重、责任和知识之中。假如一个人具有爱的能力，那他也会爱他自身；假如他只爱他人，那他根本就没有爱的能力。”

仁者寿，生理完也。（《呻吟语》）

【今译】

仁者能够长寿，因为他的生理完整。

【时析】

吕坤对仁者何以能寿作了注解。什么叫“生理完也”？用现代话说，就是人的生活、心理状态，直接影响着人的生命机理。仁者，人与人相处时，经常保持一种良好的心理状态，能使生命机理比较完善，从而长寿。仁者在生理、心理诸方面都完全具备了有利于生命延续的全部积极因素，所以能够长寿。

饥寒痛痒，此我独觉，虽父母不之觉也。衰老病死，此我独当，虽妻子不能代也。自爱自全之道，不自留心，将谁赖哉？（《呻吟语·养生》）

【今译】

饥寒痛痒，只有自己才能感觉到，即使亲生父母也不能察觉。衰老病死，只有自己来承担，即使妻子儿女也不能代替。自爱自全的方法，自己不留心，将依靠什么人呢？

【时析】

饥寒痛痒，父母不能代，衰老病死，妻子不能替。只有自己知道，自己能够把握。这一番话，把自爱自全之道（即养生全身之道）说得明明白白，真真切切。有关专家也一再告诫人们，其实最好的健康医生就是你自己，健康的钥匙就在自己手里！

仁者无敌

仁者必有勇，勇者不必有仁。（《论语·宪问》）

【今译】

有仁德的人一定有勇气，有勇气的人不一定有仁德。

【时析】

一个有仁德的人一定有勇气，这种勇气是指大智大勇，而不是打架斗狠的匹夫之勇；反过来说，一个有勇气的人却不一定有仁德，他可能会逞狠斗勇，甚至凶残暴烈。可见，儒家强调的是仁智勇三达德，可以说仁乃大勇，是更高层次的勇。历史上凡是明君，多以仁见长，少以勇著称。秦始皇及其子秦二世则是寡仁好勇的典型，虽呈一时霸业，但十四年亡国。可见，单纯的勇是短暂的，可得一时之利，而仁者之勇才是正途。有仁者之心，做事无愧天地，无愧世人，方可无畏。

王如施仁政于民，省刑罚，薄税敛，深耕易耨；壮者以暇日修其孝悌忠信，入以事其父兄，出以事其长上。可使制梃以达秦楚之坚甲利兵矣。彼夺其民时，使不得耕耨以养其父母。父母冻饿，兄弟妻子离散，彼陷溺其民，王往而征之，夫谁与王敌？故曰："仁者无敌。"（《孟子·梁惠王上》）

【今译】

大王如果对老百姓施行仁政，减免刑罚，少收赋税，深耕细作，及时除草；让身强力壮的人抽出时间修养孝顺、尊敬、忠诚、守信的品德，在家侍奉父母兄长，出门尊敬长辈上级。这样就是让他们制作木棒也可以打击那些拥有坚实盔甲锐利刀枪的秦楚军队了。因为那些秦国、楚国的执政者剥夺了他们老百姓的生产时间，使他们不能够深耕细作来赡养父母。父母受冻挨饿，兄弟妻子东离西散。他们使老百姓陷入深渊之中，大王去征伐他们，有谁来和您抵抗呢？所以说："施行仁政的人是无敌于天下的。"

【时析】

梁惠王深为自己的国家处于强邻之间，屡战屡败，向孟子寻求雪耻图强的良方。孟子直截了当地提出了他的仁政主张。从具体内容来看，不外乎物质和精神两个方面。在物质生产方面，一是省刑罚，二是薄赋税，三是深耕易耨。虽然省刑罚属于法治，薄赋税属于财政，深耕易耨属于农业生产。但说穿了，前两项的目的都是为了让老百姓能够提高劳动生产积极性，发展生产。在精神文明建设方面，主要还是教育问题。不过，在儒家政治的教育中，德育是第一位的，做人是第一位的，而文化知识是第二位的，所以孟子在这里依然强调的是"孝、悌、忠、信"。孟子认为，只要这两手都抓住了，国无论大小都可以发展壮大。小国可以打败大国，弱国可以战胜强国。因为施行仁政的人是无敌于天下的。

孟子曰："以力假①仁者霸，霸必有大国。以德行仁者王，王不待②大——汤以七十里，文王以百里。以力服人者，非心服也，力不赡③也；以德服人者，中心悦而诚服也，如七十子之服孔子也。"（《孟子·公孙丑上》）

【注释】

①假：借，凭借。②待：等待，引申为依靠。③赡：充足。

【今译】

孟子说："用武力而凭借仁义的人可以称霸，所以称霸必须是大国。用道德而实行仁政的人可以使天下归服，使天下归服的不一定是大国——商汤王只有方圆七十里，周文王只有方圆一百里。用武力征服别人的，别人并不是真心服从他，只不过是力量不够罢了；用道德使人归服的，是心悦诚服，就像七十个弟子归服孔子那样。”

【时析】

以仁德服人而不是以强力服人是孔孟一脉相承的观点。这是一种攻心为上、以柔克刚的政治方针。以德服人到底还要不要力？从历史和现实的种种情况来看，似乎还是离不开力。这里以后世诸葛亮七擒孟获为例。当诸葛亮第一次放走孟获后，众将都感到不理解，一起来问诸葛亮。诸葛亮笑了笑说：“我要捉他，就像在口袋中取东西一样容易，但只有使他口服心服，南方才会真正平定。”可见，诸葛亮之所以敢于七擒七纵，还有赖于军事上的绝对优势。用他自己的话来说，叫做“如囊中取物”般容易，不然是开不得玩笑的，那就很可能成为放龙归海，放虎归山，有自食其果的危害了。由此看来，以德服人还得与以力服人结合起来，攻心为上，德主力辅，才能安服天下，长治久安。

孔子曰：“仁不可为众也。夫国君好仁，天下无敌。”今也欲无敌于天下而不以仁，是犹执热[1]而不以濯也。《诗》[2]云：“谁能执热，逝[3]不以濯？”（《孟子·离娄上》）

【注释】

①执热：拿了烫手的东西。②此处诗句引自《诗·大雅·桑柔》，旧说这是首讽刺周厉王的诗。③逝：发语词，无义。

【今译】

孔子说：“仁德是不能用人数多少来衡量的。如果国君喜好仁，就会天下无敌。”现今想要无敌于天下却又不凭借仁，就好比烫着了却不用凉水冲洗，《诗经》上说：“有谁能烫着了却不用凉水冲洗？”

【时析】

孟子借孔子“国君好仁，天下无敌”的话表达其“仁者无敌”的思想，认为国家的兴衰治乱的关键在于君王能不能施仁政，并批评当时的一些诸侯国君主不知道推行仁政，而沉迷于霸道是非常愚蠢的行为。这些思想对于我们今天处理国际上的争端，特别是对付一些西方国家的霸权主义行径也有深刻的启示。我们要充分相信仁德的力量，修内政，息争执，自强不息，厚德载物，以建设和谐世界、人类大同为目标。

曾子曰：“晋楚之富，不可及也；彼以其富，我以吾仁；彼以其爵，我以吾义；吾何慊①乎哉！”（《孟子·公孙丑下》）

【注释】

①慊（qiàn）：不足，贫乏。

【今译】

曾子说：“晋国、楚国的财富，没法比得上。不过，它们凭借财富，我凭借我的仁德；它们凭借爵位，我凭借我的道义，我欠缺什么呢？”

【时析】

孟子引用曾子的话，以仁义同富贵抗衡，表白了自己的坦荡胸怀和对仁义的自信。孟子以仁义为自己的精神支柱，显然是对孔子仁学的继承和发扬。今天，知识分子应该学习和效法古代圣贤，要有耿耿骨气、独立人格，依靠道义力量与腐败的社会风气抗衡。

孟子曰：“尊贤使能，俊杰在位，则天下之士皆悦，而愿立于其朝矣；市，廛而不征①，法而不廛②，则天下之商皆悦，而愿藏于其市矣；关，讥而不征③，则天下之旅皆悦，而愿出于其路矣；耕者，助而不税④，则天下之农皆悦，而愿耕于其野矣；廛⑤，无夫里之布⑥，则天下之民皆悦，而愿为之氓⑦矣。信能行此五者，则邻国之民仰之若父母矣。率其子弟，攻其父母，自有生民以来未有能济者也。如此，则无敌于天下。无敌于天下者，‘天吏’⑧也。然而不王者，未之有也。”（《孟子·公孙丑上》）

【注释】

①廛(chán):市中储藏或堆积货物的货栈。征:征税。②法而不廛:指官方依据法规收购长期积压于货栈的货物,以保证商人的利益。③讥而不征:只稽查不征税。讥,查问。④助而不税:指"耕者九一"的井田制只帮助种公田而不再收税。⑤廛:这里指民居,与"廛而不征"的"廛"所指不同。⑥夫里之布:古代的一种税收名称,即"夫布""里布",大致相当于后世的土地税、劳役税。⑦氓:指从别处移居来的移民。⑧天吏:顺从上天旨意的执政者。这里的"吏"不是指小官。

渔翁渔妇图

【今译】

孟子说:"尊崇贤达、任用能人,让杰出的人来治理国家,那么天下的士人都会高兴,愿意在这样的朝廷里任职;市场上的货不收税,滞销的货物依法予以征购,那天下的商人都会高兴,愿意在这样的市场做买卖;关卡只进行稽查而不征收税金,那天下的行旅都会高兴,愿意在这样的道路上行走;耕种者只须助耕公田而不必交纳租税,那天下的农夫都会高兴,愿意在这样的田地上耕种;居民不必交纳苛捐和服徭役,那天下的民众都会高兴,愿意迁到这样的地方来居住。如果谁真的能实行这五项,那么邻国的民众就会像尊重父母那样尊重他。要人们带领子女去攻击他们的父母,这样的事情自有民人以来还没有成功过。要是这样就能无敌于天下,无敌于天下的人就是'天吏',如此而不能称王天下的还从未有过。"

【时析】

这是孟子描绘的仁政治国的蓝图:从任用贤能到商业、农业、城市居民、海关等各个方面,无不以人为本,以求得民心,得民心则国家兴旺发达。孟子在这里所描绘的蓝图是诱人的,尤其是在他所处的那个战火纷飞、兵祸不断的时代,如果有哪一个君王真能够实践他的这一系列规划,那的确是难能可贵的。当然,是不是真能像他所说的那样行之有效,甚至达到"无敌于天下"的理想程度,那又另当别论了。孟子的这一幅理想蓝图正好可以作为我们今天以人为本,构建和谐社会,建设和谐世界的借鉴。

仁人无敌于天下,以至仁伐不仁,而何甚血流之漂杵也[1]。(《孟子·尽心下》)

【注释】

①漂杵(chǔ):浮起舂杵,形容恶战流血之多。

【今译】

仁者无敌于天下,凭藉最大的仁来讨伐极端的不仁,怎么会使血流得把武器都漂起来呢?

【时析】

孟子认为,像周武王这样讲仁道的人,讨伐商纣王这样极为不仁的人,怎么会使血流成河呢?就是说,真正的仁人君子是会无敌于天下的,以仁者之师去征伐暴虐者,必将会势如破竹,很容易胜利,不会有太多的流血。这是在强调仁爱在攻伐战争中的正面价值。今天的世界虽然没有大的战争,但是各种冲突时有发生,流血之事让人想到孟子的话仍然是珍贵的忠告。

是故君子有终身之忧,无一朝之患也。……非仁无为也,非礼无行也。如有一朝之患,则君子不患矣。(《孟子·离娄下》)

【今译】

因此,君子有终身的忧虑,没有突然发生的祸患。……不是仁爱的事不干,不合乎礼的事不做。即使有突然发生的祸患来到,君子也不会感到忧患的。

【时析】

因为君子常常有忧患的意识,注意自己的道德修养,所以一般是不会发生什么突然的祸患的。即使有突然发生的祸患，君子也不会感到忧患的。他是内省不疚，何忧何惧啊！

体[1]恭敬而心忠信，术[2]礼义而情爱人，横行[3]天下，虽困四夷，人莫不贵。（《荀子·修身篇》）

【注释】

①体：通“履”，体验；实行。②术：学习；实践。③横行：纵横驰骋，毫无阻挡。

【今译】

如果一个人能在待人接物上态度恭敬并且内心忠诚可靠，修习礼仪并且性情亲和仁爱，那么他就能驰骋天下而不受阻碍，即使身陷蛮夷也依然被人们看得很贵重。

【时析】

一个人通过修养，其外在的形象气质与内在的精神世界都发生了根本性的变化，同时能够遵循礼义法则，性情亲和仁爱，他就可以走遍天下，即使一时在偏远的地方陷于困境，人们也不会对他不敬。这就是修养带来的最终结果，也显示了修养可以给人以神奇的力量。

孙卿子曰：“彼仁者爱人，爱人故恶人之害之也；义者循理，循理故恶人之乱之也。彼兵者所以禁暴除害也，非争夺也。故仁者之兵，所存者神，所过者化，若时雨之降，莫不说喜。”（《荀子·议兵篇》）

【今译】

荀卿说：“这道理不是你所知道的。那仁者爱人，正因为爱人，所以就憎恶别人危害他们；义者遵循道理，正因为遵循道理，所以就憎恶别人搞乱它。那用兵，是为了禁止横暴、消除危害，并不是争夺啊。所以仁人的军队，他们停留的地方会得到全面治理，他们经过的地方会受到教育感化，就像及时雨的降临，没有人不欢喜的。”

【时析】

荀子议兵之说，没有像孟子那样来区别战争的正义性与否，而是以仁义作为根本，从用兵的角度来论述“仁者爱人，义者循理”的思想，强调用兵的目的不是为了争夺，而是为了禁止横暴、消除危害，要兴仁义之兵，行仁义之战，并通过古代圣王尧讨伐驩兜、舜讨伐三苗、禹讨伐共工、汤讨伐夏桀、周文王讨伐崇国、周武王讨伐商纣来加以具体说明，只有仁义之兵，才能使远近归附，“行于天下”。所以，兴仁义之兵，以行仁义之战就是“仁者无敌”。荀子的观点，对于我们今天看待世界上的各种冲突、争夺有重要的启示，对于解除人类今天面临的战争危机有非常积极的意义。

孝悌为本

其为人也孝弟[1]，而好犯上[2]者，鲜矣；不好犯上，而好作乱者，未之有也。(《论语·学而》)

【注释】

①弟：同“悌”。②犯：冒犯，违反。上：指地位比自己高的人，如父、兄或皇帝、官长等。

【今译】

一个为人孝顺父母、尊敬兄长的人，而喜欢冒犯长辈和上司的情况是很少有的；不喜欢犯上，却喜欢作乱的人是从来没有过的。

【时析】

儒家认为，如果人们能够在家中对父母尽孝，对兄长顺服，那么他在外就可以对国家尽忠，忠是以孝悌为前提，孝悌以忠为目的。在家中实行了孝悌，统治者内部就不会发生“犯上作乱”的事情；再把孝悌推广到劳动民众中去，民众也会绝对服从，而不会起来造反，这样就可以维护国家和社会的安定。这就是说，个体要在家庭中接受长幼秩序，进入社会才能接受既定的社会规则，成为一个遵纪守法的公民。这里所提的孝悌是“仁”的根本，对于我们理解孔子以“仁”为核心的哲学、伦理思想非常重要。

君子务本，本立而道生。孝弟也者，其为仁之本与[1]！(《论语·学而》)

【注释】

①与：通“欤”。

【今译】

君子要致力于根本的事务，根本确立了，道才能从这里产生。孝敬父母，尊敬兄长，这就是仁爱的根本啊！

【时析】

这里表明孝乃“仁”之根本，孝道乃道德伦理的基础。唯有能行孝悌者，才能去爱他人，因此，孝悌为仁爱之根本。孝敬父母，尊敬兄长，固然是君子之本，当然也是做人的根本，甚至是立国的根本，治天下的根本。

子曰：“父在观其志，父没观其行，三年无改于父之道①，可谓孝矣。”（《论语·学而》）

【注释】

①三年无改于父之道：三年对父亲的原则不更改。无改，不更改。于，对。三年，按周礼规定，父亲死后，儿子要守孝三年，也可解释为“多年”。

【今译】

父亲在世时，观察他儿子的志向；父亲去世后，观察他儿子的行为；三年之内不改变他父亲的道德规范，可以说是孝顺了。

【时析】

父亲在世时，儿子不能享有独立行动的权利，因而只有观察他的志向；父亲去世时，就要看一看他的行为，如果他能长时间地遵照父亲生前的道德规范而没有改变的话，就可以称他是孝子了。用今天的话说，一个人有志向、有实力，能够在人生道路上崛起，成为强者，并且不改变父辈的成功方向，通过利人利己使上辈人自豪，让大家放心，把这种与人为善的立场代代相传，这就是孝顺的做法啊！历史上，司马迁承其父司马谈之志，含垢忍辱，发奋著成《史记》，流传千古，可谓孝的典型事例。

今之孝者是谓能养。至于犬马皆能有养，不敬何以别乎？（《论语·为政》）

【今译】

现在许多人认为孝就是能赡养父母，让父母吃饱饭。其实狗和马也都可以得到饲养，如果侍奉父母没有发自内心的尊敬，那与养狗养马怎么区别开来呢？

【时析】

这是孔子回答弟子子游问什么是孝的一段话。此段话主要说明孝不仅仅是物质上的赡养，更是发自内心的尊敬，让父母感到精神上愉快。如果光讲赡养，那与养牲口有什么区别？在儒家认为，人与禽兽最重要的区别是人有礼仪，而“礼”的基本精神是敬，而动物则没有礼仪，更谈不到敬的精神。

宰我①问：“三年之丧，期已久矣。君子三年不为礼，礼必坏；三年不为乐，乐必崩。旧谷既没，新谷既升，钻燧改火②，期可已③矣。”子曰：“食夫④稻，衣夫锦，于女安乎？”曰：“安。”“女安则为之！夫君子之居丧，食旨不甘，闻乐不乐，居处不安⑤，故不为也。今女安，则为之！”宰我出。子曰：“予之不仁也！子生三年，然后免于父母之怀。夫三年之丧，天下之通丧也。予也有三年之爱于其父母乎？”（《论语·阳货》）

【注释】

①宰我：孔子学生，名予，字子我，鲁国人。②钻燧(suì)改火：古代钻木取火，所用木头四季不同。春用榆柳，夏用枣杏和桑柘，秋用柞木，冬用槐檀，一年轮一遍，叫改火。③期(jī)：一周年。已：停止，指服丧停止。④夫(fú)：远指指示代词，那。⑤居处不安：古代守丧，吃粗劣饮食，穿质地粗糙的麻丧服，住在临时搭的木棚(凶庐)里。

【今译】

宰我问：“父母死了，守三年的丧期，为期太久了。君子三年不习礼仪，礼仪一定会被败坏；三年不奏音乐，音乐一定会失传。旧谷已经吃完，新谷已经碾成，钻火用的燧木已经经过了一个轮回，守丧一周年也就行了。”孔子说："父母死后不到三年你就吃稻米饭，穿锦缎衣服，你能心安吗？"宰我说："我心安。"孔子说："你觉得心安，你就这样做吧！君子守丧时，吃美味食物不觉得香甜，听音乐不感到快乐，住在家里不觉得舒适，所以他们不那样做。现在你既然觉得心安，你就这样做吧！"宰我出去了，孔子说："宰我真不仁啊！子女生下来三年，才能离开父母的怀抱。替父母守丧三年，是天下通行的丧礼。难道宰予就没有从他父母怀抱中得到过三年的抚爱吗？"

【时析】

宰我曾经针对"三年之丧"提出质疑，认为三年丧期的守孝时间太长了，孔子首先就诉诸于"子生三年，然后免于父母之怀"的血缘关系，把它看成是子女应该"也有三年之爱于其父母"的本原根据，认为"三年之丧"的举动之所以正当合理，就是因为它能够符合父母子女之间建立在血缘关系基础上的血亲情感（父慈子孝），所以应该坚持实行；而"短丧"的举动由于违背了父母子女之间的血缘亲情，所以就是"不仁"，就不应该这样做的。

父孝子爱，非有为也。（《郭店竹简·语丛三》）

【今译】

孩子对父母的孝敬与父母对孩子的爱护，不是有意做出来的啊！

【时析】

父慈子孝是以亲情为基础和实质的，而亲情是一种纯真无伪的自然之情，是不可有意而为，不可别有所图，也不可不为。如果有意而为，便已不符合孝悌的本意；但如果不为，同样也不能成其为孝悌。看来，最好的办法就是自然而然，让真情自然流露。

爱亲，则其方爱人。（《郭店竹简·语丛三》）

【今译】

一个人能够爱敬自己的亲人，那么他将来就会仁爱天下的人。

【时析】

爱亲未必能保证爱天下，但爱天下必以爱亲为出发点，爱亲是爱天下人的必要而非充分条件。这反映了儒家对仁爱扩充次第的看法。

仁之实，事亲是也；义之实，从兄是也；智之实，知斯二者弗去是也；礼之实，节文斯二者是也；乐之实，乐斯二者，乐则生矣[1]；生则恶可已也，恶可已[2]，则不知足之蹈之手之舞之。（《孟子·离娄上》）

【注释】

①“乐之实”三句：前一“乐”读yuè，后二“乐”读lè。②“恶可已”中的两个“恶”通“毋”，无，没有的意思。

【今译】

仁的实质是侍奉父母；义的实质是顺从兄长；智的实质是明白这两方面的道理而不背离；礼的实质是在这两方面不失礼节、态度恭敬；乐的实质是乐于做这两方面的事，快乐就产生了；快乐一产生就无法抑制，无法抑制就会不知不觉地手舞足蹈起来。

【时析】

孟子分别讲了仁、义、智、礼、乐的实质，把儒家提倡的基本伦理规范——仁、义、智、礼、乐的实质内容全都归结为“事亲从兄”的血缘亲情，赋予血缘亲情以本原根据的意义，构成了儒家始终坚持的基本精神的一个内在组成部分。

天下大悦而将归己，视天下悦而归己，犹草芥也，惟舜[1]为然。不得乎亲，不可以为人；不顺乎亲，不可以为子。舜尽事亲之道而瞽瞍厎豫[2]，瞽瞍厎豫而天下化，瞽瞍

底豫而天下之为父子者定，此之谓大孝。（《孟子·离娄上》）

【注释】

①舜是传说中的远古帝王，五帝之一，姓姚，名重华，号有虞氏，史称虞舜。②瞽瞍(gǔsǒu)：舜的父亲，其事可参《万章上》二、四章。厎(zhí)：致。豫：乐。

【今译】

天下的人都心悦诚服地要来归附自己，把这种情景看得如同草芥的，只有舜能够这样。不能得到父母的欢心，不可以做人；不能顺从父母的心意，不能做儿子。舜竭尽全力按侍奉父母的道理去做，终于使他的父亲瞽瞍高兴了；瞽瞍高兴了，天下的人由此受到感化；瞽瞍高兴了，天下父子之伦常就确定了，这便叫做大孝。

【时析】

相传舜的父亲瞽叟糊涂昏聩，宠爱后妻和她的儿女，不喜欢舜；后母心地狭隘，泼辣凶悍；继弟象又粗野凶狠。他们多次想害死他：让舜修补谷仓仓顶时，从谷仓下纵火，舜手持两个斗笠跳下逃脱；让舜掘井时，瞽叟与象却下土填井，舜掘地道逃脱。事后舜毫不嫉恨，仍对父亲恭顺，对弟弟慈爱。他的孝行感动了天帝。舜在厉山耕种，大象替他耕地，鸟代他锄草。帝尧听说舜非常孝顺，有处理政事的才干，把两个女儿娥皇和女英嫁给他；经过多年观察和考验，选定舜做他的继承人。舜登天子位后，去看望父亲，仍然恭恭敬敬，并封象为诸侯。孟子试图通过舜的孝行，说明“尽事亲之道”是治理天下的基础，舜的孝行确定了家庭伦常，维护了家庭这个社会细胞的稳定，其实就是治理天下的第一步，因此是大孝。

世俗所谓不孝者五：惰其四支[①]，不顾父母之养，一不孝也；博弈好饮酒，不顾父母之养，二不孝也；好货财，私妻子，不顾父母之养，三不孝也；从耳目之欲[②]，以为父母戮[③]，四不孝也；好勇斗很[④]，以危父母，五不孝也。（《孟子·离娄下》）

【注释】

①四支:即四肢。②从:同“纵”。③戮:羞辱。④很:同“狠”。

【今译】

通常认为不孝的情况有五种:四肢懒惰,不管赡养父母,这是第一种;酗酒聚赌,不管赡养父母,这是第二种;贪吝钱财,只顾妻子儿女,不管赡养父母,这是第三种;放纵声色享乐,使父母感到羞辱,这是第四种;逞勇好斗,连累父母,这是第五种。

【时析】

这里孟子概括了五种不孝,其中有三种行为是因为不顾父母之养,另外两种是让父母感到羞辱和连累,其中奉养父母是最基本的孝行。对于我们今天的人来说,这五种不孝的情况仍然都不同程度地存在着,但其中最为典型的恐怕是第三种了:“好财货,私妻子,不顾父母之养。”许多家庭养下不养上,下是“小皇帝”,上是“老长工”。这些人就是没有想到,有一天自己也会老,而今天的“小皇帝”又会有他们自己的“小皇帝”,有一天自己也就成为“老长工”了。如此恶性循环,将是人类的悲哀!可见,提倡孝敬父母,赡养父母,天经地义,人人有责,直到今天都具有特别重要的现实意义。

事,孰为大?事亲为大;守,孰为大?守身为大。不失其身而能事其亲者,吾闻之矣;失其身而能事其亲者,吾未闻也。孰不为事?事亲,事之本也;孰不为守?守身,守之本也。(《孟子·离娄上》)

【今译】

事奉,什么最为重要?事奉父母最为重要;守护,什么最为重要?守护自身的操守最为重要。不使自身陷于不义而又能事奉父母的人,我听说过;自身已陷于不义却又能事奉父母的人,我没听说过。什么事奉(长辈与上级)的事不应做?但事奉父母最根本;什么守护的事不应做?但守护自身的节操最根本。

【时析】

孟子教导我们:一个孝亲,一个守身,是人生两件大事。这样,就在性善论等先天道德观的基础上进一步提出了人生两个重要的道德原则。在现代社会里,孝亲、守身仍然是我们每一个人应该持守的。

孝子之至,莫大乎尊亲;尊亲之至,莫大乎以天下养[1]。为天子父,尊之至也;以天下养,养之至也。(《孟子·万章上》)

【注释】

①尊亲之至,莫大乎以天下养:后世解经者都将此句解为"以天下来养父母,谓之奉养之致",不确切。圣贤亲民至善,天下为公,哪里还有家天下的私心?此句当解为"以天下为父母来奉养,奉养之极致"。

【今译】

孝子的极致,没有比尊敬父母更大的;尊敬父母的极致,没有比以整个天下为父母来奉养更大的。瞽瞍成为天子的父亲,是尊贵的极致;舜以整个天下为父母来奉养,是奉养的极致。

【时析】

这是孟子在讲舜的事迹时说的一段话,明确肯定了对于孝子来说,没有其他任何行为规范可以凌驾于血亲情理的"尊亲"原则之上,因为只有后者才能具有至高无上的终极地位,是人的最高道德表现。

孩提之童[1]无不知爱其亲者。及其长也,无不知敬其兄也。亲亲,仁也;敬长,义也;无他,达之天下也。(《孟子·尽心上》)

【注释】

①孩提之童:二三岁的儿童。

【今译】

二三岁的小孩有不知道爱自己父母的。等他长大了，没有不知道尊敬自己的兄长的。亲爱父母，便是仁；尊敬兄长，便是义。这没有别的什么原因，只因为仁和义可以通达于天下。

【时析】

孟子以儿童天生的"爱亲""敬长"来说明仁义是天下通行的品德："亲亲，仁也；敬长，义也。"一个人如果不亲亲，就是没有仁；如果不敬长，就是没有义。没有仁没有义，不等于不仁不义。从这里可以看出，反复强调的"根于心"的仁、义、礼、智"四端"，主要是仁义之端。而他所说的仁义，其实际内容又是儒家所强调的孝悌之道。

武王、周公，其达孝[①]矣乎！夫孝者，善继人之志，善述[②]人之事者也。（《礼记·中庸》）

【注释】

①其：大概。达孝：被天下人通称为符合孝道。②述：承续。

【今译】

周武王、周公，大概可以说是被天下人普遍认为符合孝道的人了吧！所谓符合孝道的人，是善于继承前人之志向，善于承续前人事业的人。

【时析】

周武王和周公旦继承文王的遗志灭掉了商纣王，建立了西周，所以孔子赞扬他们的这种大孝精神，并概括孝道为"善继人之志，善述人之事"。

不孝者生于不仁，不仁者生于丧祭之礼无。明丧祭之礼，所以教仁爱也。能教仁爱，则丧思慕，祭祀不解人子馈养[①]之道。丧祭之礼明，则民孝矣。（《孔子家语·五刑解》）

【注释】

①馈养(kuìyǎng):进食奉养。

【今译】

人们不孝的行为都是由于缺少仁爱引起的,确实仁爱又是由不讲丧祭之礼引起的。彰明丧祭之礼,是为了教导人们仁爱。能够教导人们仁爱,那么有丧事时人们就会思慕亡故的亲人,祭祀时毫不懈怠,如同双亲在世而作为人子要对他们尽进食奉养一样。丧祭之礼得到彰明,那么老百姓就会懂得孝道。

【时析】

这里讲明了孝道、仁爱和礼仪的相互关系。孝道为仁爱的根本,所以缺乏仁爱的人就不会孝敬父母。但是,仁爱不是教条式地灌输进去的,而是在丧祭礼仪当中培养起来的。因此,丧祭礼仪的彰明就是为了在生动的生活化的礼仪形式当中教导人们仁爱,进而教导人们懂得孝道。可见,礼仪对于社会教化是多么的重要。

居处①不庄,非孝也;事君不忠,非孝也;莅官②不敬,非孝也;朋友不笃③,非孝也;战阵无勇,非孝也。五行不遂,灾及于亲,敢不敬乎?(《礼记·祭义》)

【注释】

①居处:指平日的仪容举止。②莅官:到职,居官。③笃:忠实,不虚伪。

【今译】

平时的言谈举止不庄重,是不孝;侍奉君主不忠心,是不孝;做官办事不严肃认真,是不孝;对朋友不诚实信用,是不孝;在战场上不勇敢,是不孝。以上五个方面都不能做到,灾难就会降临双亲,敢不谨慎吗?

【时析】

这条语录说明,孝包括庄、敬、忠、信、勇各种德目。我们的一举一动都与孝有关,"居处不庄""事君不忠""莅官不敬""朋友不笃""战阵无勇"都可以被看做是“非孝”，如上五者做不到，均会连累父母，都是不孝。这样，孝通过“身”就被“泛化”了，所有的行为都可以被看做是孝。这种用孝的观念来统一其他道德规范，是孝的意义扩大的一种反映。相同的内容又见于《大戴礼记·曾子大孝》和《吕氏春秋·孝行览》，说明是当时颇有影响的观点。

爱亲者，不敢恶[1]于人；敬亲者，不敢慢[2]于人。爱敬尽于事亲，而德教加于百姓，刑于四海[3]。盖[4]天子之孝也。（《孝经·天子章》）

【注释】

①恶(wù)：厌恶、憎恨。②慢：轻侮，怠慢。③刑：法则，典范。四海：四夷。《尔雅》：“九夷、八狄、七戎、六蛮谓之四海。”泛指四边的少数民族。④盖：《公羊传·宣元年正义》：“盖，犹是也。”

【今译】

天子作为热爱自己父母的人，就丝毫不敢厌恶别人的父母；作为敬重自己父母的人，就丝毫不敢轻慢别人的父母。天子竭尽爱敬侍奉自己的父母，再以道德教化施展于华夏百姓之中，并以此作为四方各族效法的榜样。这就是天子孝道的要求吧！

【时析】

这是《孝经》引述孔子的话，对天子提出了很高的要求。意思是说天子是天下最为尊贵的人，天子的行为是诸侯、卿大夫和士庶效法的楷模，在社会上影响很大。作为最高的政治统治者，天子应该成为孝的最高实践者，应该是孝德的化身和孝行的楷模。在《诗经》和其他先秦经典中，已经出现了众多对天子孝行的记颂。天子还是孝道伦理的传播者，他不仅要以身作则，爱亲敬亲，而且还要由爱亲、敬亲而善待人民，孝化天下。

夫孝，始于事亲，中于事君，终于立身。（《孝经·开宗明义》）

【今译】

孝的实行，从事奉自己的父母开始；中年做官，在事奉君王时以忠诚体现孝道；最终扬名显亲，修身立世实现自己的宏伟志向。

【时析】

幼年奉侍父母，爱护父母给予的身体，这便是行孝的第一步；中年移孝作忠，奉事君王，服务社稷；老来修身立世，扬名显亲。这便是人生孝道的全过程，或者说，人的一生行为都是恪守躬行并实现着至高至善的孝道。因此，孝为一切德行之本，是一切教化产生的根源。中国几千年的伦理关系就是以孝道为基础建立起来的，社会秩序也是在孝道基础上维系的。时至今日，我们所提倡的尊老爱幼、热爱祖国、心怀抱负等新的道德要求，可以说是孝道的发展和完善。对个人，要修身养性，实现自己的宏伟理想；在家里，子女尊敬长辈，长辈爱护子女，共享天伦之乐；在社会上，尽职尽责，为国家作出贡献。这些，都是我们构建和谐社会的应有之义。

孝子之事亲也，居则致①其敬，养则致其乐，病则致其忧，丧则致其哀，祭则致其严，五者备矣，然后能事亲。事亲者，居上不骄，为下不乱，在丑②不争。居上而骄则亡，为下而乱则刑，在丑而争则兵。三者不除，虽日用三牲之养③，犹为不孝也。（《孝经·纪孝行章》）

【注释】

①居：日常的家庭生活。致：尽、极的意思。②丑：类，众，即卑贱。在丑：指处于底贱的地位。③三牲之养：三牲，指牛、羊、猪。三牲之养，即用佳餐美味供养父母之意。

【今译】

作为一个孝子，侍奉自己的父母亲，照料起居时要充分表达出对父母最大的敬意；奉养父母饭菜饮食时，要保持和悦的心情和态度；父母生病时，要以最忧虑的心情照料父母；父母过世时，要以最哀痛的心情来料理后事；举行祭祀时，要以最静穆的神情来追思父母。以上所说的五个方面都能做到，才称得上是能事奉双亲的孝子。事奉双亲的孝子，身居高官厚禄的位置上也不敢骄傲自大；处于臣下之位时也不敢悖乱违法；处于卑贱地位时也不会激愤争斗。身居高位而骄傲自大，就会招惹祸端导致身亡；身居下位而违法悖乱，就会受到遭受刑罚，牵连父母；在处于卑贱地位而激愤争斗，就会大动干戈。这三种行为不杜绝，即使每天用牛、羊、猪俱全的美味加佳肴供养父母，仍然不能算是一个孝子。

【时析】

这里讲怎样在家庭和社会上行孝道。在家庭，做一个能事奉双亲的孝子最基本的要做到五个方面：居致敬，养致乐，病致忧，丧致哀，祭致严，即从居住、病患到情绪变化以及死后致哀、祭奠，任何细节都要做到让父母满意，这是为人之子的本分。但这仅仅是从家庭的角度、个人修养的角度来要求的。家庭和社会是紧密相联的。如果一个在父母面前行孝的人在为官时骄奢淫逸就必定会身败名裂，如果在社会上为非作歹就会受到法律的制裁，如果在人群中与人计较争斗，就会拳脚相加，打架斗殴。一个孝子在社会上惹出了这么多的麻烦和灾祸，无疑给父母增加了心灵的痛苦，说不定给父母带来的是灭顶之灾。这样的人无论在家多么孝顺父母，也不能算是真正的孝子。将孝道由家庭引向社会，是与儒家修身、齐家、治国、平天下的思想脉络一致的。

不爱其亲而爱他人者，谓之悖德①；不敬其亲而敬他人者，谓之悖礼②。（《孝经·圣治章》）

【注释】

①悖德：悖，违背。悖德，即违背道德。②悖礼：违背礼仪。

【今译】

作为人子的不爱自己的父母，而去爱他人的父母，这就叫做违背道德；作为人子的不尊敬自己的父母，而去尊敬他人的父母，这就叫做违背礼仪。

【时析】

儒家讲孝道是由内而外，由近及远层层扩展的。尊敬父母是第一位的，如果不爱自己的父母却爱别人的父母，不敬自己的父母却敬别人的父母，就是违背道德和礼仪的事情，这样做就有可能造成人伦道德乃至社会秩序的混乱。

事亲孝者，非谓鲜肴也，亦和颜色、承意尽礼义而已矣。（《盐铁论·孝养》）

【今译】

对父母尽孝道，不仅是说给他们可口的饭菜，也指要和颜悦色、尊重他们的意愿，做到合乎礼仪就行了。

【时析】

这是对孔子“今之孝者是谓能养。至于犬马皆能有养，不敬何以别乎”((《论语·为政》)的发挥和细化，说明在孝的问题上仅仅物质方面的奉养是必要的，但又是很不够的，还要保持和颜悦色，尊重父母的意愿，符合礼仪。这些其实也不难做到，可惜今天的人们绝大多数把孝只理解为赡养，在情感的关怀方面非常缺乏，更不用说还有许多不孝的子女连基本的赡养都做不到了。也许正因为这样，现在越来越多的人强调复兴孝道，进行这方面的教育，试图改变社会风气，使民德归厚。

君子凡事专用力于根本，根本既立，则其道自生。若上文所谓孝弟，乃是为仁之本，学者务此，则仁道自此而生也。（《论语集注·学而》）

【今译】

君子凡是做事专心致力于根本，根本已经确立，那仁道就由此而产生。就像上文所说孝悌，乃是作为仁道根本，学者应该专力在这方面实践，那么仁道就会从这里产生。

【时析】

这是朱熹对孔子《论语·学而》中“君子务本，本立而道生。孝弟也者，其为仁之本与”的注解，君子凡是做事专心致力于根本，这个根本不是别的，就是孝悌。作为最亲近的人自然感情的流露和提升，孝悌是人生修为的基础。常言说“百善孝为先”，能够在家庭实行孝悌，出外为人处世就不会坏到哪里去。朱熹发挥孔子的思想，把孝悌作为仁道根本，希望学者专力在这方面实践，以养成仁人君子。

仁主于爱，而爱莫切于事亲；义主于敬，而敬莫先于从兄。故仁义之道，其用至广，而其实不越于事亲从兄之间。（《孟子集注·离娄上》）

【今译】

仁的主旨在于爱人，而爱人没有被侍奉双亲更重要的了；义的主旨在于尊敬，而尊敬没有被顺从兄长更优先的了。所以，关于仁与义的道理，其作用非常宽广，而实质上越不出侍奉双亲、顺从兄长的范围。

【时析】

这是朱熹对儒家仁、义与爱、敬关系的发挥，将爱、敬由双亲、兄长推及他人与他物，把亲情之爱与仁、尊敬之情与义紧密地联系起来。仁与义的道理作用不管如何宽广，都是由侍奉双亲、顺从兄长推演出来的。

爱便是仁之发，才发出这爱来时，便事事都有。第一是爱亲，其次爱兄弟，其次爱亲戚，爱故旧，推而至仁民，皆是从这物事发出来。（《朱子语类》卷一一九）

【今译】

爱是仁的发端，只要一生出这爱心来，便对事事都有了爱。第一是爱自己的双亲，其次是爱兄弟，再其次是爱亲戚，爱老朋友，推而广之到仁爱百姓，这些都是从爱心发出来的。

【时析】

这里对儒家对爱的根源性、等差性进行了深入的论证，认为爱是核心概念——“仁”的发端，这个发端很重要，是一切其他爱的源泉，其他爱双亲、爱兄弟、爱亲戚、爱朋友推及爱老百姓，都是由这个源泉流淌出来的。

宽惠之道

柔远能迩，惇德允元①，而难任人②，蛮夷率服。（《尚书·舜典》）

【注释】

①惇(dūn):厚,厚道。允:信,实。元:善。②难:拒绝。任人:奸佞的人。

【今译】

安抚远方的臣民才能使近处的臣民安定,亲厚有德的人,信任善良的人,拒绝奸佞的人,能够这样,边远的外族都会归附你。

【时析】

舜继承尧位以后,与四方诸侯君长谋划政事,打开明堂四门宣布政教,这是他对十二州的行政长官提出的基本要求,主题是强调修内政,安远人,使异族归化,这成为后来儒家怀柔远人思想的来源。

货郎图

临下以简①，御众以宽。罚弗及嗣，赏延于世。（《尚书·大禹谟》）

【注释】

①简：简易，不烦琐。

【今译】

对待臣下简易不烦，统治百姓宽厚不苛。惩罚不株连子孙，赏赐却延续到后代。

【时析】

这是皋陶赞扬帝舜的一段话，表达了帝舜为政的道德和智慧以及赏罚分明的治理方略。这是中华文明开创时期政治家的博大仁爱，后来成为儒家德治思想的源泉。

安民则惠①，黎民怀之。（《尚书·皋陶谟》）

【注释】

①惠：仁爱。

【今译】

使民众安居乐业就是爱民，爱民就会得到老百姓的怀念。

【时析】

夏禹曾经与他的大臣皋陶讨论安民问题，并以之为治国的法宝之一。后来，孔子就十分重视安民问题，他说："修己以安百姓。"（《论语·宪问》）孟子还提出了安民的具体办法，就是"制民之产"。

德惟善政，政在养民。（《尚书·大禹谟》）

【今译】

有德者才能推行善政，而推行善政的目的在于养民。

【时析】

《虞书·大禹谟》将政治的目的理解为使百姓得以生养安康，并将养民视为君王为政、建德的根本基础。这是一种可贵的亲民政治路线，今天仍然有重要的现实意义。

民罔①常怀②，怀于有仁。（《尚书·大甲下》）

【注释】

①罔(wǎng)：不。②怀：心所向往。

【今译】

民众并不是永远归附某一位君主，他们只归附有仁德的君主。

【时析】

老百姓的归附往往是没有常规的，如果要说有常规的话，就是谁能行仁政就依归谁。

宽惠柔民。（《国语·齐语》）

【今译】

宽容仁爱，安抚人民。

【时析】

齐桓公为君之初，准备任用跟随自己多年的鲍叔牙为相，鲍叔牙却放着唾手可得的高官不做，极力推荐管仲相桓公，并一连道出自己推荐管仲的原因有五："宽惠柔民，弗若也；制国家不失其柄，弗若也；忠信可结于百姓，弗若也；制礼仪可法于四方，弗若也；执桴鼓立于军门，使百姓加勇焉，弗若也"。这就是著名的"鲍叔荐管仲"的故事。鲍叔牙推荐管仲是为国为民，故而首先强调的是管仲宽容仁爱、能够安抚人民的品质。这种品质是执政者所难得的，是非常重要的。

子张曰："何谓惠而不费①？"子曰："因民之所利而利之，斯不亦惠而不费乎？……"（《论语·尧曰》）

【注释】

①惠：给人好处。费：耗费。

【今译】

子张说："什么叫给人好处自己却不耗费？"孔子说："就着对老百姓有利的事而使他们获得利益，这不是给人好处自己却不耗费吗？……"

【时析】

"惠而不费"在从政的时候本来很容易做到的。民间有句古谚："身在公门好修行"，就是说做公务员一般很容易做好事，往往一个建议、一个政策，经上面决定以后实行起来会产生很大的影响。所以高明的从政者，经常有机会给别人带来利益，使大家获得福利，而对自己没有什么损害。但是有的人对这一类的事往往不愿干，譬如有人来办事，或请求什么，门难进，脸难看，天长日久，就与人民群众产生隔阂，引起埋怨，影响社会的和谐。

宽则得众。（《论语·阳货篇》）

【今译】

宽厚就会得到众人的拥护。

【时析】

孔子的学生子张问孔子关于"仁"的问题。孔子说："能行五者于天下，为仁矣。"然后孔子又补充讲解"恭、宽、信、敏、惠"："恭则不侮，宽则得众，信则人任焉，敏则有功，惠则足以使人。"原意显然是说政治家的。现在，我们可以把这句话理解成一般人如果能够对人宽容，必然就获得人们的喜爱。生活中多一份宽容，就会多一份理解，多一份美好，多一份真善。所以，我们要敞开胸怀，以包容一切的气度去读懂宽容、学会宽容吧！宽容别人就是宽容自己，给别人一份宽容，自己就会多打开一扇心窗，多拥有一片蓝天。

谓子产[①]，"有君子之道四焉：其行己也恭，其事上也敬，其养民也惠，其使民也义。"（《论语·公冶长》）

【注释】

①子产：春秋时郑国的贤宰相，著名政治家。姓公孙，名侨，字子产，在郑简公、郑定公时执政22年，使郑国能够在晋国和楚国两大强国之间得到尊敬和安全。

【今译】

孔子评论子产，"有合乎君子的四种道德：他自己的行为庄重，他事奉君上也恭敬，他教养百姓多有恩惠，他役使百姓合乎道义。"

【时析】

孔子通过对子产的评价提出了作为政治家应该做到的四个方面内容：严于律己，忠于君上，以恩惠教养人民，以道义役使百姓。这四个方面既包含了对人对己，又包含了对上对下，可以说是一个较为全面的要求。正因为子产能够做到这几方面，才能够使郑国在当时自立于强国之间而兴盛起来，才能够使他自己保持相位22年而得到人民拥护，同僚支持，国君信任。所以，孔子在这里通过对子产的赞扬，实际上所表达的是他心目中理想政治家应有的道德风范。

所谓仁者，爱人也；所谓知者，知人也。爱人则无虐刑矣，知人则无乱政矣。治由文理①，则无悖谬②之事矣；刑不侵滥，则无暴虐之行矣。（《淮南子·泰族训》）

【注释】

①文理：礼仪。②悖谬（bèimiù）：荒谬，不合常理。

【今译】

所谓的仁，就是爱人；所谓的智，就是知人。爱人就不会有暴虐的刑法了，知人就没有混乱的政局了。治理国家用礼仪，就没有背理谬误的事情了；刑罚使用不枉滥，就没有残暴酷虐的行为了。

【时析】

这段话说仁者爱人，智者知人，几乎就是孔子思想的再现。引申到政治上，强调君主应该有爱人的思想，以礼仪治国，可以视为对孔孟"德政""仁政"

“礼治”思想的发挥,反映了西汉儒道进一步融合,走向儒道互补的思想历程。

水浊则鱼困,令苛则民乱。(《说苑·政理》)

【今译】

水浑浊鱼儿就喘息,法令苛烦百姓就作乱。

【时析】

执政者要推行仁政德治,法令不能烦苛,给老百姓宽松的生存和发展的环境,这样才能维护社会稳定;否则,法令苛烦,官逼民反,必然天下大乱。

贤君之治也:温良而和,宽容而爱,刑清而省,喜赏而恶罚。(《韩诗外传》卷八)

【今译】

贤明的君主治理国家,温良而和顺,宽容而仁爱,刑罚清明而节省,喜欢赏赐而厌恶处罚。

【时析】

这是儒家从君主的性格、德行以及治理手段上对君主提出的政治要求,这种把政治清明的希望寄托在君主个人素养和道德上的想法很难得以实现,显示了儒家政治思想的局限性。

或人曰:“刑辟之兴,盖存叔世①。立人之道,唯仁与义。我清静而民自正,我无欲而民自朴,烹鲜②之戒,不欲其烦。宽以爱人则得众,悦以使人则下附。故孟子以体仁为安,扬子云谓申、韩为屠宰。”(《抱朴子·外篇·用刑》)

【注释】

①叔世:末世,衰乱的时代。②烹鲜:语见《老子·六十章》:“治大国若烹小鲜。”河上公注:“鲜,鱼。烹小鲜,不去肠,不去鳞,不敢挠,恐其靡也。治国烦则下乱。”

【今译】

有人说:“残酷的刑罚的施行,往往都是在衰乱的时代。要确立以人为本之道,只有推行仁义。如果君主清静无为,老百姓就会自然纯正;君主没有过多的贪欲,老百姓自然朴素。老子“治大国若烹小鲜”的告诫,就是说治理国家不要烦苛,宽容且爱人就能获得民众的人心,愉悦地使用人百姓就会依附。所以,孟子以以人为本的“爱人”品格来安定社会,扬雄说申不害、韩非这些法家的严刑峻法就是屠宰人民。

【时析】

《抱朴子》的作者葛洪是一位儒道兼修、先儒后道、以道为主的思想家。该书在哲学观念上秉持以道为本,因顺自然、无为而治思想,但在社会历史观层面上,又主张为政者应宽以爱人、体仁为安,反对法家的严刑峻法、残害人民,显然是对儒家入世思想的合理继承和借鉴。

为政之道,以顺民心为本,以厚民生为本,以安而不扰为本。(《代吕公著应诏上神宗皇帝》)

【今译】

治理国家的基本途径,要以顺应老百姓的愿望为根本,以丰富老百姓的生活为根本,以安定而不轻易扰动老百姓为根本。

【时析】

这段话来源于北宋大儒程颐《代吕公著应诏上神宗皇帝》。古往今来,凡有远见卓识的为官执政者莫不把以民为本、注重解决民生问题作为治国理民之道。新的时代,坚持以民为本,改善民生,就要有执政为民的理念,始终把群众利益放在首位,时刻把人民群众的安危冷暖放在心头,扎扎实实落实每桩每件关乎民生的政策,靠顺民心求稳定,靠厚民生求政兴,靠不扰民求天下太平。

仁民爱众

天子做民父母，以为天下主。（《尚书·洪范》）

【今译】

天子只有成为臣民的父母，才会成为天下的君主。

【时析】

这是中国古代家长制思想的典型表达，发展到后世不仅仅是天子，连地方官也成为"父母官"。这个思想原本的含义是君主应该对待臣民像对待自己的孩子一样，有发自内心的仁爱。但是，后来则演变为君主控制臣民，要他们像孩子一样顺从、服从，不要犯上作乱的意思。显然，这是违背现代民主政治主权在民的原则的。

子曰："弟子入则孝，出则悌，谨而信，泛爱众而亲仁。行有余力，则以学文。"（《论语·学而》）

【今译】

孔子说："年轻人应该回家孝顺父母，出门尊敬兄长，做事谨慎，恪守信用，广泛地爱人并亲近仁德的人。还有余力，就用来读书学习。"

【时析】

这是说"仁"不仅要求爱亲，而且要"泛爱众"。"泛爱众"即广泛地爱众人，包括亲人、友人、邻人、国人，甚至可以是敌人。这样，以"爱亲"为根基的"仁"就获得了更高层次的道德规定，这是"仁"由"爱亲"而推及"泛爱众"的一个重要的伦理升华，显示了儒家思想的开放性和包容性。

四海①之内皆兄弟也。（《论语·颜渊》）

【注释】

①四海：即北海、东海、南海、西海。这里的“海”，其本意是泛指辽远无边的未知地域（含水域），并不仅指储水的“海”。实际上是指中国以外的其他地方。

【今译】

四海之内，都是兄弟啊。

【时析】

在孔子看来，人不仅仅是家族、等级的成员，还是人类的一员。人应该把他人当做自己的同类，给予同情与关心。因此，他的仁爱对象大大超出了家族和等级的界限，可以说是全人类。今天我们已经进入全球化时代，天下虽大，其实犹如比邻。这句名言反映了中国文化巨大的包容性、涵盖性和人文精神。联合国也挂上了这句名言，说明这句经典语录已经为世界所认同。我们应该与时俱进，为建设一个温暖、和谐、文明的世界而共同努力。

樊迟问仁。子曰：“居处恭，执事敬，与人忠。虽之夷狄，不可弃也。”（《论语·子路》）

【今译】

樊迟问怎样才是“仁”。孔子说：“在平常的居处生活当中要做到谦恭，在做事情时要做到虔敬，同时在与人相处的时候要做到忠信。这些为人处事的原则即使你到了没有礼制的夷狄之国，也都是应当保持，不能抛弃的。”

【时析】

孔子这里强调了三点，要求人们“恭”“敬”“忠”，这些固然是对的，但他最后强调的“虽之夷狄，不可弃也”才是最重要的。就是说，在孔子的思想中，华夏与“夷狄”有着族类和文化的不同，但谦恭、虔敬、忠信这些属于仁爱的内容应该是不分族类、跨越文化的，因而“虽之适夷狄无礼义之处，亦不可弃而不行也”（《论语正义》邢□疏）。

子曰："道千乘之国[1]：敬事而信，节用而爱人[2]，使民以时。"（《论语·学而》）

【注释】

①道：一本作"导"，作动词用。这里是治理的意思。千乘之国：乘(shèng)，意为辆。这里指古代军队的基层单位。每乘拥有四匹马拉的兵车一辆，车上甲士3人，车下步卒72人，后勤人员25人，共计100人。千乘之国，指拥有1000辆战车的国家，即诸侯国。②爱人：古代"人"的含义有广义与狭义的区别。广义的"人"，指一切人群；狭义的"人"，仅指士大夫以上各个阶层的人。此处的"人"与下句的"民"相对而言，可见其用法为狭义。

【今译】

孔子说："治理一个拥有一千辆兵车的大国，应该做到：要严谨认真地办理国家大事而又恪守信用，节约财政开支而又爱护官吏臣僚，使用百姓要不耽误农时。"

【时析】

孔子论治国之要道强调了三个方面，且讲得很具体，其中两个方面都与爱民有关，可见，孔子的治国思想是其思想体系的核心观念——"仁"的扩展。

孟子曰："三代[1]之得天下也以仁，其失天下也以不仁。国之所以废[2]兴存亡者亦然。天子不仁，不保四海；诸侯不仁，不保社稷；卿大夫不仁，不保宗庙[3]；士庶人不仁，不保四体。今恶死亡而乐不仁，是犹恶醉而强[4]酒。（《孟子·离娄上》）

【注释】

①三代：指夏商周三代。②废：衰败，跟"兴"相对。③宗庙：代指卿大夫的采邑领地。④强：勉强。

【今译】

孟子说："夏、商、周三代获得天下，是由于仁政；他们失掉天下，是由于不仁。国家衰败、兴盛、生存、灭亡的道理也是这样。天子如果不仁，不能保住天下；诸侯如果不仁，不能保住国家；卿大夫如果不仁，不能保住宗庙；士人和百姓如果不仁，不能保全自身。现在有些人害怕死亡，却又乐意干不仁的事，这就像害怕喝醉却硬要多喝酒一样。”

【时析】

孟子以夏、商、周三代行仁政而获得天下的历史事实概括了国家废兴存亡的基本规律，这就是是否推行仁政。在他看来，是否推行仁政，具有仁德，不是天子一个人的事情，是自天子以至普通百姓都至关重要、性命攸关的。可惜的是，人们往往害怕死亡，却又乐意干不仁的事，这就像害怕喝醉酒，却总是硬要多喝酒一样。也许现代的政治体制与古代相差很大，但推行仁政仍然是今天老百姓对政府的期望，是以人为本在政治层面的落实。

桀、纣之失天下也，失其民也；失其民者，失其心也。得天下有道[1]：得其民，斯得天下矣；得其民有道：得其心，斯得民矣；得其心有道：所欲，与之、聚之[2]；所恶，勿施尔也。民之归仁也，犹水之就下、兽之走圹[3]也。故为渊驱鱼者，獭[4]也；为丛驱爵者，鹯[5]也；为汤、武驱民者，桀与纣也。今天下之君有好仁者，则诸侯皆为之驱矣。虽欲无王，不可得已。（《孟子·离娄上》）

【注释】

①道：方法。②与之：给予他们。聚：积蓄。③圹：同“旷”，旷野。④獭（tǎ）：几种水栖的食鱼鼬科动物的任一种，主要属于几乎全世界都有分布的水獭属。⑤爵：同“雀”。鹯（zhān）：古书中说的一种猛禽，似鹞鹰。

【今译】

桀和纣失天下，是由于失去了人民；失去人民，是由于失去了民心。得天下有办法：得到人民，就能得到天下了；得人民有办法：赢得民心，就能得到人民了；得民心有办法：他们想要的，就给予他们，替他们积聚起来；他们所厌恶的，不强加给他们，如此罢了。人民归向于仁政，就如同水往低处流、野兽奔向旷野一样。所以，替深水赶来鱼的是水獭；替树丛赶来鸟雀的是鹞鹰；替汤王、武王赶来百姓的，是夏桀和商纣。如果现在天下的国君有爱好仁德的，那么诸侯们就会替他把人民赶来。哪怕他不想称王天下，也不可能了。

【时析】

这就是说统治者失天下、得天下皆在于是否得其民，是否得民心。民众决定统治者得天下或失天下，即所谓“得乎丘民而为天子”。可见，在孟子看来，民众对社会起决定作用，民众是天下国家的根本，赢得民心的办法其实也很简单，就是他们想要的，就给予，并替他们积聚起来；他们所厌恶的，不强加给他们罢了。只有这样，才能得到民众的拥护，才能做天子。这一思想影响到后来的中国历史，无论是战乱期间的争夺天下，还是王朝建立以后统治者寻求长治久安，都非常注意得民心问题，凝结成了“得民心者得天下”的成语。中国历代从事政治活动的人，不论成功者，还是失败者，都对这句话十分的熟悉。成功者固然要以之作为自己政治合法性的根据，失败者也往往习惯从这句话里检讨其所以失败的缘由。可以说，中国的政治史，就是一部各色政治人物比赛谁更能获取民心的历史。电视剧《雍正王朝》片头曲就是《得民心者得天下》，歌中唱道：

谁不想国家昌盛民安乐
也难料恨水东逝归大海
有道是得民心者得天下
看江山由谁来主宰
得民心者得天下

孟子曰：“不仁哉，梁惠王也！仁者以其所爱，及[①]其所不爱。不仁者，以其所不爱，及其所爱。”公孙丑问曰：“何谓也？”“梁惠王以土地之故，糜烂[②]其民而战之，大败，将复之，恐不能胜，故驱其所爱子弟以殉之，是之谓以其所不爱及其所爱也。”（《孟子·尽心下》）

【注释】

①及:推及。②糜烂:指由于战争使老百姓暴尸郊野,骨肉糜烂。

【今译】

孟子说:“真是不仁爱啊,梁惠王!仁爱的人把他对所喜爱的人的恩德,推及到所不喜爱的人;不仁爱的人把他对不喜爱的人的祸害,推及到他所喜爱的人。”公孙丑问道:“为什么这么说呢?”“梁惠王为了扩张土地的缘故,糟踏百姓的生命驱使他们去打仗,打了败仗,又准备再战,担心不能取胜,所以又驱使他所爱的子弟去为他送死,这就叫做把他所不喜爱的人的祸害,推及到他所喜爱的人。”

【时析】

孟子推崇“亲亲”“仁民”,认为统治者为一己之私,驱使百姓去战斗,那便是一种祸害。所以,当梁惠王抱着利用百姓为其重振旗鼓,前去报仇雪耻的私心,向孟子请教诱民迁居于梁的时候,孟子毫不留情地戳穿了他的私心,并且狠狠地指责梁惠王“以土地之故,糜烂其民而战之,大败,将复之,恐不能胜,故驱其所爱子弟以殉之”,这样的行为是极为不仁的。爱人民,人民都来归附,而人民所赖以生存的土地也会随之而归附。如果为了扩张土地,将自己国家的人民牺牲过半,那么争得来的土地又有什么用呢?即使争得良田千顷万顷,由于无人耕种,不久也要荒芜。从孟子对梁惠王的评价来看,梁惠王就不懂得自己到底是爱什么,是爱土地还是爱人民?这里对统治者直接的批评,痛快淋漓,其他士人罕见,后世更是少有,反映了孟子在权贵面前正义凛然,说大人而藐之,不因君王权力而不敢言语、畏缩行事,铁骨铮铮,壁立千仞的人格。到了明代朱元璋试图加强封建专制,就删去《孟子》当中直白批评梁惠王的话。

民为贵,社稷①次之,君为轻。是故得乎丘②民而为天子,得乎天子而为诸侯,得乎诸侯而为大夫。(《孟子·尽心下》)

【注释】

①社稷:社,土神。稷:谷神。古代帝王或诸侯建国时,都要立坛祭祀社、稷,所以“社稷”又作为国家的代称。②丘:众。

【今译】

百姓最为重要,代表国家的土神、谷神其次,国君最为轻。所以,能够得到民心的人就可以做天子,能够得到天子信任的人就可以做国君,能够得到国君信任的人就可以做大夫。

【时析】

意思是说,人民放在第一位,国家其次,君在最后。这是因为,有了人民,才需要建立国家;有了国家,才需要有个君。国家是为民众建立的,君的位置是为国家而设立的。这里,姑且不论其说之合理与否,“丘民、天子、诸侯、大夫”的等级排序是显然的,轻重主次的关系是很清楚的,国家政治,一切以民为本。要说真有什么天子,那么民众才是真正的天子。可见一切政治权力,从根源上来说,都是来自于民众。这便是孟子著名的“民贵君轻”说。这一思想的提出,是一个很大的进步,它反映了一种对人民尊重的思想,对人民或多或少的让步,尽管也许是局部,也许是暂时,但终归是带给了人民一些权利。由于这一思想的进步性、反专制色彩,到了明代朱元璋删《孟子》首先就删的这句话。“民贵君轻”是孟子民本思想的集中体现,是对西周“以德配天”的君权神授说突破,是儒家政治思想最具有代表性的思想观点之一,它不但在中国思想史上具有重要的意义和价值,对后来的中国政治影响也很大。中国历史上许多安定时期出现的盛世,大多都与“民贵君轻”这种思想相关联。最具有代表性的如唐太宗的贞观之治、清世祖的康熙盛世;反面的例子如秦始皇的暴政、隋炀帝的奢靡。

马骇舆[①],则君子不安舆;庶人骇政,则君子不安位。马骇舆,则莫若静之;庶人骇政,则莫若惠之[②]。选贤良,举笃敬[③],兴孝悌,收孤寡,补贫穷。如是,则庶人安政矣。庶人安政,然后君子安位。传曰:“君者,舟也。庶

人者，水也。水则[④]载舟，水则覆舟。”此之谓也。(《荀子·王制》)

【注释】

①骇舆：在驾车中受到惊吓。②惠之：给他们恩惠。③笃敬：指忠厚恭敬的人。④则：能够。

【今译】

拉车的马受了惊吓，坐在车上的君子就不能安稳；老百姓惊扰政事，君子就不能安稳于政位。拉车的马受了惊吓，就不如使马安静下来；平民百姓惊扰政事，就不如给他们恩惠。选拔贤良的人，推举忠厚恭敬的人，提倡孝悌，收养孤寡，补助贫穷，如果这样，那么老百姓就会安心政事，然后君子也就会安稳于政位。古书上说：“君主，是船。老百姓，是水。水能承载船只，也能倾覆船只。”说的就是这个意思。

【时析】

荀子对安民做了一个深刻的比喻，说明马安则舆安，民安则政安，而安舆在静马，安政在惠民。驾驭马车，就必须要有善驾的人才；处理政事政局，也就需要善政的人才。处理政事的人才应该怎么做呢？那就是“选贤良，举笃敬，兴孝悌，收孤寡，补贫穷”。如果能够这样的话，那么老百姓就会安心政事，君子也就会安稳于政位。否则，人民百姓就会像水一样把君王这只船倾覆。“民水君舟”论也许带有把庶民工具化的意味，其重心显然在君主一方，是在为君主着想，属于现实功利主义的政治色彩，带有君主主义政治权术的味道，应该说是孟子“民贵君轻”论的倒退。因为“民贵君轻”的重心在民，是要君为民着想，属于理想主义的政治理论，含有批判现实的君主政治的价值取向。

景公游于寿宫，睹长年负薪者，而有饥色。公悲之，喟然（叹曰）令吏养之[①]。晏子曰：“臣闻之，乐贤而哀不肖，守国之本也。今君爱老，而恩无所不逮[②]，治国之本

也。”公笑，有喜色。晏子曰：“圣王见贤以乐贤，见不肖以哀不肖。今请求老弱之不养，鳏寡之无室者，论而共[3]秩焉。”公曰：“诺。”于是老弱有养，鳏寡有室。（《晏子春秋·内篇杂上》）

【注释】

①据张注引王校删。②逮：赶上，及，到。③论：指论次，论定次序。共：后来写作“供”，供给。

【今译】

景公在寿宫游览，看到（一位）背着柴禾的老人面有饥色，景公可怜他，叹息着命令官吏把老人收养起来。晏子说：“我听说，喜爱贤能而同情不肖，这是保住国家的根本。现在您怜爱老年人，恩德无所不及，这是治国的根本保证。”景公听了，面露喜色。晏子说：“圣明的君王看见贤才就喜爱他的贤能，看见不肖的人就同情他的没有出息。现在，请求您对没有人奉养的老弱者和没有家室的鳏寡，按照次序供给他们生活用品。”景公说：“好吧。”于是老人、病弱者有人供养，鳏夫、寡妇有了家室。

【时析】

这个故事由景公收养一位孤苦的老人，引发晏子的议论。他从“乐贤而哀不肖，守国之本”说起，赞扬景公怜爱老年人、广泛施行恩德的行为是治理好一个国家的根本保证。进一步又请求景公采取实际行动，奉养老弱者和没有家室的鳏寡，按照次序供给他们生活用品。这就是仁民爱民的好举措，非常符合儒家对大同社会的构想。

爱人之大者，莫大于思患而豫防[1]之，故蔡得意于吴，鲁得意于齐，而《春秋》皆不告。故次以言：怨人不可迩，敌国不可狎[2]，攘窃[3]之国不可使久亲，皆防患、为民除患之意也。不爱民之渐，乃至于死亡，故言楚灵王、晋厉公生弑于位，不仁之所致也。（《春秋繁露·俞序》）

经典语录

【注释】

①豫防：预防。②敌国：力量对等的国家。狎：轻侮。③攘窃：盗窃，抢夺。

【今译】

对人最大的爱，莫大于有忧患意识而且及早预防了。因此，蔡国得意于吴国，鲁国得意于齐国，而《春秋》都不记载。所以，再讲其次：对你有怨恨的人不可接近，与你敌对的国家不可轻侮，强盗式的国家不可长期与之亲近，这都是为了防患于未然，为老百姓消除祸患的意思。如果君主这种不爱护老百姓的行为逐渐发展下去，到最后会导致死亡，所以《春秋》记载楚灵王、晋厉公被杀于王位上，就是告诫君主不仁的结果。

贤母图

【时析】

在董仲舒看来，《春秋》一书的根本宗旨，就在于要人们领会如何施行仁人之政。一个人或一个集团能否成王称霸，完全取决于仁政实现的效果。施行仁爱之政的最有益的方法就在于采取积极的措施，预测并杜绝那些容易导致百姓失范、社会无序的隐患发生。爱民即仁人，不爱民则必将自置于死地，春秋历史上的楚灵王、晋厉公都被弑于君位之上，直接的原因都来自于他们所施行的不仁之政。

仁于他物，不仁于人，不得为仁。不仁于他物，独仁于人，犹若为仁。仁也者，仁乎其类者也。（《吕氏春秋·

爱类》)

【今译】

对其他物类仁爱,对人却不仁爱,不能算是仁。对其他物类不仁爱,仅仅对人仁爱,仍然算是仁。所谓仁,就是对自己的同类仁爱。

【时析】

在这里,"仁乎其类"是"仁"之最基本的涵义。当然,"仁乎其类"也并不排斥"仁于他物",只是爱有先后、差等而已。儒家在仁爱问题上首先是"爱人类",由"爱人类"而推延至"爱万物",张载所谓"民吾同胞,物吾与也",程颢所谓"仁者以天地万物为一体,莫非己也"都是这样的思想。当今世界,在人类所面临的诸多问题当中,既有人类自己内部人与人的问题,也有人类与自然的关系问题。我们首先应该提倡爱我们同类的人。如果不爱人,有一部分人处于极端贫困中,人与人之间不能和睦相处,不同文化和宗教的人处在恐怖战争的状态下,那也就没有人与自然的和谐可言。构建和谐社会,建设和谐世界,从价值理念和操作层面说,首先是人际和谐,然后是人与自然的和谐。

所谓天下之至仁者,能合天下之至亲①者也;所谓天下之至知②者,能用天下之至和③者也;所谓天下之至明者,能选天下之至良者也。此三者咸通④,然后可以征⑤。是故仁者莫大于爱人,知者莫大于知贤,政者莫大于官贤⑥。有土之君修此三者,则四海之内拱而俟⑦,然后可以征。(《大戴礼记·主言》)

【注释】

①合:聚合。亲:亲爱。②知:通"智"。③和:平和。④通:通达。⑤征:征伐。⑥官贤:以贤者为官。⑦四海:我国古时所指东海、西海、南海和北海,泛指海内之地,也泛指全国各地。拱:拱手而待,比喻期盼。俟(sì):等待。

【今译】

所谓天下最仁爱的人,是能够团结天下成为最亲爱的团体的人。所谓天下最智慧的人，是能够使天下的纷争变得最和谐的人。所谓天下最明察的人，是能够选拔天下最贤能的人。这三件事情做通达了，然后可以从事征伐了。所谓仁者的作为，没有比爱人再大的了；智者的作为，没有比知道贤能的人再大的了；为政者的作为，没有比任用贤能的人再大的了；有国土的王侯把这三件事情做好，那么四海以内的人民就会拱手期盼他的领导，然后可以从事征伐了。

【时析】

这是借孔子之口告诉帝王或者准备成为帝王的人，能够以仁爱凝聚天下的百姓，以智慧使天下的纷争变为和谐，以明察选拔出天下贤良的人为官，并且要做得最好，完全做到，这样国家内部齐心协力了，才能对外征战取胜。对于统治者来说，其仁爱没有比热爱老百姓更必要的了，其智慧没有比和谐社会最伟大的了，其政治没有比任用贤能之士为官更重要的了。有国土的王侯只有实实在在地做好了这些工作，天下人才会惟命是从，一呼百应，才能做到攻战必胜，统一天下。这些对今天纷争不断、动荡不安的世界来说，也许是最好的提示。

天德只是个无我，王道只是个爱人。（《呻吟语·谈道》）

【今译】

天德就是忘却自我，王道就是仁义爱人。

【时析】

天道无私，人得之于天而有德，所以要无我；王者参通天、地、人，有天之仁爱，地之厚德，所以能爱人。

康子曰："子产死，郑人丈夫舍玦珮，妇女舍珠瑱，巷哭三月，竽瑟不作。夫子之死也，吾未闻鲁人之若是也。奚故哉？"子游曰："夫浸水者所及也则生，其不及则死，故民皆知焉；膏雨之所生也，广莫大焉，民之受赐也，普

矣，莫识其由来者。上德不德，是以无德。”（《孔丛子·杂训》）

【今译】

康子说：“子产死的时候，郑国人男的拿出玦珮，妇女拿出珠瑱要为他陪葬，人们在街巷哭说议论达三四个月，这期间也没有人举行什么娱乐活动。孔夫子死了，我好像没有听鲁国人像郑国人对待子产一样对待孔夫子。什么缘故呢？”子游回答说：“灌溉的水能够达到什么地方植物就生长起来，它达不到的地方植物就干死了，所以老百姓都知道；天降的霖雨所能够滋生的，非常广大，老百姓受到的恩赐也非常普遍，他们更不知道这霖雨降临的原因。因为这是上天的大德，表现不出德性，所以好像是没有德性。”

【时析】

郑国的子产能够使百姓得到好处，可以说做到了爱民。《左传·昭公二十年》记载说郑国子产死了，孔子听到这个消息，为他流出了眼泪，说：“古之遗爱也。”朱子《论语集注》说：“子产之政，不专于宽，然其心则一以爱人为主，故孔子以为惠人，盖举其重而言也。”子产作为伟大的政治家，能够给百姓带来好处，是值得称道的，应该予以肯定的。但是，与孔子比较起来，子产的仁爱是有限的、暂时的，其道德是贤人的境界；而孔子的仁爱则是广大无边的、长久的，其道德是圣人的境界。

仁者，无不爱，而爱同类之人为先。（《论语注·颜渊》）

【今译】

作为有仁德的人，天地之间没有什么是不爱的，但是爱自己同类的人应该是最优先的。

【时析】

“爱有差等”是儒家一个重要观念，康有为在这里大概是从人与天地之间的万物对应的意义上说的，认为有仁德的人应该广泛地爱天地之间的一切，但是首先还是爱自己的同类——人。如果一个不能爱人而爱其他东西，如今天养宠物，本来是为了培养人对待动物的爱心，丰富业余生活，调节家庭气氛，但是有些人对动物宠爱有加，对邻里、社区乃至自己的亲人则缺乏爱和同情，这就很成问题了。这是爱的倒错，人性的扭曲，应该引起我们的注意。

爱物惜命

惟有道曾孙周王发[①]，将有大正[②]于商。今商王受无道，暴殄天物[③]，害虐烝民[④]，为天下逋逃主、萃渊薮[⑤]。（《尚书·武成》）

【注释】

①周王发即周武王姬发，文王之子。②正：同“政”。大正：即大政，大事。③暴：损害，糟蹋。殄（tiǎn）：灭绝。天物：指自然生物。原指残害灭绝天生万物，后指任意糟蹋东西，不知爱惜。④烝（zhēng）：众多。烝民：指老百姓。⑤逋（bū）：逃，逃亡。逋逃主，是说殷纣王是天下罪人逃亡者的魁主。萃：聚集。渊：深水，鱼住的地方；薮：水边的草地，兽住的地方。渊薮：比喻人或事物集中的地方，这里指天下的罪人都归向纣王。

【今译】

周家有道的曾孙姬发，对商将有大事。如今的商王残暴无道，暴弃灭绝天物，伤害虐杀老百姓，成为天下逃亡罪人的魁主，商邑成为天下罪人聚集的地方。

【时析】

这是武王伐纣时的一篇讨伐檄文。文中对纣列的第一大罪状就是“暴殄天物”，武王认为纣王“无道”，故他要以“有道”正“无道”。“无道”：一是“害虐烝民”，二就是“暴殄天物”。天地之间，人尤为贵，害虐群民，可以说是“无道”；鸟兽草木，自有其性，天下百物，与人皆然，残害其命而伤虐其体，也可以说是“无道”。武王誓师伐纣，并祈祷天地之神恩佑天下苍生，助他一举消灭无道王君，大有“替天行道”的味道。值得注意的是周武王讨伐商纣王的两条罪因中“暴殄天物”是排在“害虐烝民”前面的。看看今天的世界，可以这样发挥一下：“暴殄天物”因为生态代谢的“连锁性”和珍贵遗产的不可再生性，它又将“害虐烝民”，遗毒子孙，祸害苍生！

子钓而不纲[1]，弋不射宿[2]。（《论语·述而》）

【注释】

①纲：提网的总绳，这里指有大纲的渔网。②弋：射鸟器。宿：歇宿了的鸟。

【今译】

孔子在钓鱼时就只用一个鱼钩的钓竿，而不用大渔网；打猎时，只射飞鸟，不射在巢中歇宿之鸟。

【时析】

这里既尊重了生物的规律——不竭泽而渔，又包含了仁爱之心——保护老幼。孔子强调“仁者爱人”，同时也重视对动物的保护，反对人类的滥捕滥猎，破坏生态平衡。孔子的行为是我们今天应该学习和效法的。

君子之于物也，爱之而弗仁；于民也，人之而弗亲。亲亲而仁民，仁民而爱物。（《孟子·尽心上》）

【今译】

君子对于万物，爱惜它，但谈不上仁爱；对于百姓，仁爱，但谈不上亲爱。亲爱亲人而仁爱百姓，仁爱百姓而爱惜万物。

【时析】

我们今天常说“让世界充满爱”，不过，充满什么样的爱，我们没有具体分析，也没有说明。而两千多年的孟子则作出了分析，讲清楚了爱的差等性。对于禽兽草木这些物，主要是爱惜。爱惜的具体表现就是取之有时，用之有节。这种思想，已经有了我们今天环境保护、珍惜自然资源的意识了。对于民，也就是老百姓，需要仁爱。仁爱的具体表现就是孟子在《梁惠王上》里面所说的“老吾老以及人之老，幼吾幼以及人之幼”。而这种推己及人的仁爱，对禽兽草木等物是谈不上的。对于亲，也就是自己的亲人，则是一种以血缘关系为纽带的亲爱，是爱之中最自然最亲密的一个层次。但是，只有当你能够亲爱亲人时，才有可能推己及人地去仁爱百姓；只有当你能够仁爱百姓时，才有可能爱惜万物。不然的话，就会成了无源之水，无本之木，是不可能维系下去的。所以，爱虽然有亲疏，有差等，但这些亲疏差等之间却又有着内在的必然联系。从亲爱自己的亲人出发，推向仁爱百姓，再推向爱惜万物，这就形成了儒学的“爱的连锁”。从仁的角度看，“亲亲”是仁的自然基础，“仁民”是仁的核心和重点，“爱物”则是仁的最终完成。对万物的爱心，实际上是仁需要完善化的内在逻辑要求。同时，我们发现，这个“爱的连锁”又正好是和《大学》所开列的“修身、齐家、治国、平天下”次第相统一的。

君子之于禽兽也，见其生，不忍见其死；闻其声①，不忍食其肉，是以君子远庖厨也②。（《孟子·梁惠王上》）

【注释】

①声：指被宰杀时的哀鸣声。②远：形容词的使动用法，使……远离。庖（páo）厨：厨房。

【今译】

君子对于禽兽，看到它们活蹦欢跳的，就不忍心看见它们死去；听到它们哀叫悲鸣，就不忍心再吃它们的肉。正因为这样，君子要把厨房安在离自己较远的地方。

【时析】

《孟子·梁惠王上》有这样一个故事：齐宣王看见被赶去祭祀的牛可怜兮兮的样子，就动了恻隐之心，命令用一只羊去代替它。对此，孟子认为齐宣王不让那头牛被送去做祭祀之用，是出于一种仁爱之心，但是齐宣王这样做是“见牛未见羊”，不知道以羊代替牛去做“牺牲”时羊也是极其痛苦的。所以，孟子认为，真正的君子，对有生命的东西，看到它们活着，便会不忍心再看到它们死去，而听到它们的悲鸣或哀叫，便更不会忍心再去吃它们的肉。他认为，君子之所以远离残害生命的厨房，正是源于“仁爱生命”这一善良而美好的内在心灵，这是一种仁爱的心术。

天子诸侯无事则岁三田①，一为乾豆②，二为宾客，三为充君之庖。无事而不田曰不敬。田不以礼曰暴天物。天

子不合围，诸侯不掩群。天子杀则下大绥[3]，诸侯杀则下小绥[4]，大夫杀则止佐车[5]止，佐车止则百姓田猎。獭祭鱼然后虞人入泽梁[6]，豺祭兽[7]然后田猎，鸠化为鹰然后设罻罗[8]，草木零落然后入山林。昆虫未蛰，不以火田。不麛[9]，不卵，不杀胎，不殀[10]夭，不覆巢。（《礼记·王制》）

【注释】

①田：打猎，后作"畋"。②乾豆：放在祭器中供祭祀用的干肉。乾，干肉。豆，祭器。③大绥：古代天子田猎时所建之旌旗。④小绥：诸侯田猎所建之旌，形制如大绥而稍微小一些。⑤佐车：古代天子诸侯用于征战、田猎的副车。⑥獭祭鱼：据说獭常捕鱼陈列水边，如同陈列供品祭祀。虞人：古掌山泽苑囿之官，这里指捕鱼者。泽梁：在水流中用石筑成的拦水捕鱼的堰。⑦豺祭兽：据说豺性凶猛，善群行，杀兽而围陈，就像在祭奠。⑧鸠化为鹰：古人认为鸠和鹰可以互相转化，这是缺乏科学依据的。罻（wèi）：捕鸟小网。⑨麛（mí）：捕杀幼兽。⑩殀：断杀。

【今译】

天子、诸侯在正常情况下，每年打猎三次：一是为用于宗庙祭祀，二是为宴饮宾客，三是为充实自家的庖厨。没有特殊情况而不打猎叫做不敬，打猎而不遵守有关的礼仪就叫做暴殄天物。天子打猎不采取合围的办法，诸侯不尽杀成群的野兽。天子杀死了猎物就把指挥用的大旗放倒，诸侯杀死了猎物就把用的小旗放倒，大夫杀死了猎物就让佐车停下。佐车停下之后，老百姓就可以开始打猎了。獭入水取鱼陈列水边如祭，然后虞人可进入湖泊和筑鱼梁捕鱼。豺杀兽陈列在周围如祭，然后可以开始打猎。鸠鸟变化为鹰，然后可以设网捕鸟。草和树叶零落，然后可以进山林砍伐木材。昆虫还没有冬眠，不可以放火烧草来肥田。不捕获幼兽，不取鸟卵，不杀怀孕的母兽，不杀兽仔，不倾覆鸟巢。

【时析】

这是通过礼制的规定要人们根据动植物的自然生长规律进行砍伐和田猎，保护野生动植物的生长繁衍，保护人们赖以生存的自然资源，其中也包含了把仁爱观念由人推及天地万物，爱惜物命的具体措施。这些规范对于我们今天保护生态环境，建设人与自然的和谐关系具有重要的参考价值和现实意义。

曾子曰:“草木以时伐焉,禽兽以时杀焉。夫子曰:‘伐一木,杀一兽,不以其时,非孝也。’”(《礼记·祭义》)

【今译】

曾子说:“草木按时节砍伐,禽兽按时节捕杀。孔夫子说:‘伐断一棵树,捕杀一头兽,不按时节,也是不孝的表现。’”

【时析】

孔子及曾子把孝的伦理行为扩展到保护生物,把保护自然提到孝的道德行为的高度,认为天地万物是人类的衣食父母,如果人类自己不以其时伐树,或者不以其时打猎,而残害生物,就是不孝的行为,应该加以反对。这就具有保护自然的实际意义。

君无故不杀牛,大夫无故不杀羊,士无故不杀犬、豕,君子远庖厨①,凡有血气之类,弗身践也②。(《礼记·玉藻》)

【注释】

①君子远庖厨:源于《孟子·梁惠王上》说:“君子之于禽兽也,见其生,不忍见其死;闻其声,不忍食其肉,是以君子远庖厨也。”是说君子应该怀抱仁爱之心,远离厨房宰杀牲口的残忍场面。②弗身践:即“弗身翦”声之误,翦即杀也。

【今译】

国君无故不宰杀牛,大夫无故不宰杀羊,士无故不宰杀狗、猪。君子要远离厨房这些地方,凡是有气息的动物,不亲临看它们被宰杀。

【时析】

就是说不要滥杀动物,特别是有修养、仁爱之心的君子对于有血气的东西都不要亲手去杀它们,这显然是对孟子仁爱生命思想的进一步发挥。汉代贾宜在《新书·礼篇》中引述了《孟子·梁惠王上》的话后说:“故远庖厨,仁之至也。”把“君子远庖厨”作为仁慈的品德加以提倡,这倒是符合孟子的原意的。后世有不少人曲解了“君子远庖厨”这句话里的合理内核，也就是那种不忍之心，或者片面轻率地说君子应该远离厨房，或者说孟子很虚伪，既要吃动物的肉，又不做不仁的事情，但实际上总有人要宰杀动物，于是只能是小人来做这不仁的工作了。这些都是一些片面的理解和认识。

质于爱民，以下至于鸟兽昆虫莫不爱。不爱，奚足谓仁？（《春秋繁露·仁义法》）

【今译】

人之为人最关键的是仁爱人民，再往下以至于鸟兽昆虫没有不爱。如果没有这样广大的爱，怎么够得上称为仁呢？

【时析】

董仲舒进一步将孔子的“仁者爱人”引申到人们对自然环境的爱护，把仁爱的道德范畴从人扩展到鸟兽鱼虫。儒家这种“生生”“利物”“爱万物”的思想，也是基于人类自身需要的，爱物是要人们爱惜自己周围的一切，爱护自己赖以生存的物质环境，而爱物归根结底是使人生活得更幸福，爱物其实就是爱人类自己。

泛爱群生，不以喜怒赏罚，所以为仁也。（《春秋繁露·离合根》）

【今译】

广泛地爱护一切生物，不因为自己的欢喜或愤怒而随意地奖赏和处罚，才能表现出仁爱来。

【时析】

董仲舒在这里发挥孔子“泛爱”的思想，强调了爱物这一方面。这里的“不以喜怒赏罚”是指不能搞人为的“喜就赏”“怒就罚”，而应顺应自然，讲究“自然之赏”和“自然之罚”。

景公探雀鷇，鷇弱，反之[1]。晏子闻之，不待时而入见景公。公汗出惕然[2]，晏子曰："君何为者也？"公曰："吾探雀鷇，鷇弱，故反之。"晏子逡巡[3]北面再拜而贺曰："吾君有圣王之道矣！"公曰："寡人探雀鷇，鷇弱，故反之，其当圣王之道者何也？"晏子对曰："君探雀鷇，鷇弱，反之，是长幼也。吾君仁爱，曾禽兽之加焉，而况于人乎！此圣王之道也。"（《晏子春秋·内篇杂上》）

【注释】

①鷇：初生的小鸟。反：通"返"。②惕然：惶恐的样子。③逡巡（qūnxún）：忌而徘徊。

【今译】

景公掏小鸟（窝），抓住一只小鸟见太弱小，（就又）放回窝巢。晏子听到这件事，没有等到上朝的时间就进见景公。景公惶恐得汗都出来了。晏子说："您为什么会这样呢？"景公说："我掏小鸟窝，见鸟太弱小，所以又放了回去。"晏子后退两步，面向北拜了两拜称贺说："我的国君有圣王的道德了。"景公说："我掏小鸟，鸟太小，所以又放回去，这怎么就有圣王的道德了呢？"晏子回答说："您掏小鸟窝，见鸟弱小，放回去，这是（想）让鸟长大啊。您的仁爱之心，竟然施与禽兽了，何况人呢？这就是圣王的道德。"

【时析】

在这个小故事中，通过景公掏小鸟窝，抓住一只小鸟见太弱小，又放回窝巢这件事情，晏子加以发挥，说景公有仁爱之心，甚至施与禽兽，推而广之，他对待老百姓也就会施行仁爱，并概括说这就是圣王的道德。这个故事的表面有保护动物、维护生态平衡的含义，深层是晏子借机启发景公的仁爱品德，今天读来仍然发人深思，颇有教育意义。

尝闻上在宫中起行漱水，必避蝼蚁。因请之曰："有是乎？"上曰："然，诚恐伤之尔。"先生曰："愿陛下推此心以及四海，则天下幸甚。"（《二程集·伊川先生年谱》）

【今译】

曾经听说皇上在宫中起来洗漱时，一定要避开蝼蚁，因而就上朝请问皇上："有这样的事情吗？"皇上说："是的，我害怕伤害了它们。"伊川先生说："希望陛下把这样的仁爱之心推及四海之内，那么就是整个天下的幸运了。"

【时析】

程颐听说赵煦皇帝漱水时避开蚂蚁，以免伤生，给予了高度赞扬，并借机神色非常庄重地诲教皇帝把这样的仁爱之心推及四海之内，这是对孟子"仁民爱物"思想在政治生活中的实践。

仁者，生生之德也。"民之质矣，日用饮食"①，无非人道所以生生者。一人遂②其生，推之而与天下共遂其生，仁也。（《孟子字义疏证》卷下）

【注释】

①出自《诗经·小雅·天保》。②遂：成就，顺利地做到。

【今译】

所谓仁，就是生生之德。"老百姓的生活本质上说，也就是日用饮食罢了"，这只不过是人道所以生生不息的原由。如果一个人顺利地成就了自己的人生，推而广之让天下的所有生命都能够顺利地成就自己，这才是仁啊！

【时析】

"生生"的思想起源于《周易》"日新之谓盛德，生生之谓易"，"天地之大德曰生"（《周易·系辞》）。这里的"生生"指宇宙万物是一种活泼泼的、生生不息的强大生命体。理学家对"生生"进行了深入挖掘与拓展，并将宇宙自然中的这种"生生之德"用之于人类精神活动，就转化为"终日乾乾"的仁。戴震继承了理学家的理论成果，明确地提出"生生之德"就是仁，把生生不息的运行解释成自然与人的共同本质，并把自然观上的生生不息之理贯彻、推广到人性价值观与社会历史方面去，确立人的本质为生生不息，这是戴震对中国哲学的伟大贡献。"生生之德"便是中国文化中人文精神的血脉，也是中国文化中的生态思想，对现代社会来说，仍然具有重要意义。

孟母断机教子图

满腔子是恻隐[①]之心，满六合[②]是运恻隐之心处。君子于六合飞潜动植、纤细毫末之物，见其得所，则油然而喜，与自家得所一般。见其所失，则闵然而戚[③]，与自家失所一般。位育[④]念头，如何一刻放得下？（《呻吟语·谈道》）

【注释】

①恻：悲伤。隐：伤痛。恻隐：对别人的不幸表示同情。②六合：东、南、西、北、天和地，意指天下。③闵然：忧伤的样子。戚：忧愁；悲伤。④位育：取《中庸》里"天地位焉，万物育焉"句，含生长创造之意。

【今译】

整个心胸都是恻隐之心，整个天下都是运用恻隐之心的地方。君子对于天下的飞禽走兽、动物植物、纤细毫末之物，看见它们得到适宜的生活处所，就会油然而欣喜，和自己得到了一样；看见他们失去了适宜的处所，就悯然而悲伤，与自己失去了一样。希望万物都各安其所、各遂其生的念头，怎么能放下一刻呢？

【时析】

"恻隐之心"出于《孟子·告子上》："恻隐之心，人皆有之。"孟子说它是"仁之端"，是人先验（先于经验）地存有而"活泼泼地"呈现出来的良知良能。

孟子以小孩坠井人往救之的直觉的道德行为作为例证。这种行为不为名不为利，纯是一片天机呈现，认为这是道德的根源和动力。人在生活中逐渐失去了这种良知良能，所以要赶紧从内心发掘它、存养它，存则得之，舍则失之。这也正是宋明理学家所强调的“天地之性”“义理之性”等学说的由来，它构成了中国伦理学的主流。“满腔子是恻隐之心”来源于程颢，见《河南程氏遗书》卷三，是对孟子思想的发展。吕坤写《呻吟语》进行了更广泛的发挥，要把此心运用于整个天地之间的万物，实现《中庸》里“天地位焉，万物育焉”的保和太和的理想。

己欲立而立人，己欲达而达人[①]，便是肫肫[②]其仁，天下一家滋味。然须推及鸟兽，又推及草木，方充得尽。若父子兄弟间便有各自立达、争先求胜的念头，更那顾得别个。（《呻吟语·谈道》）

【注释】

①孔子名言，语出《论语·雍也》。②肫肫（zhūn）：恳切，真挚。

【今译】

自己要立身同时又要使他人立身，自己要通达同时要使他人通达，就是与人为善，天下一家的意思。然而还必须将其扩大到禽兽，又推及草木，才算彻底。如果父子兄弟之间有各自树立求达、争先好胜之心，还能顾到其他吗？

【时析】

这里作者引用孔子《论语·雍也》中“己欲立而立人，己欲达而达人”的名句，把忠恕之道从人类扩大到禽兽、草木，强调人与人以忠恕之道对待，处理好人类内部的伦理关系是基础，在这个基础上才能顾及天地之间的万事万物，这符合儒家以人为本、推人及物的基本思路。

训曰：仁者无不爱。凡爱人爱物，皆爱也。故其所感

甚深，所及甚广。（《庭训格言》）

【今译】

仁人君子没有他不关心爱护的。凡是爱人、爱物，都是从内心发出的爱。因此他的感受非常深，他所关爱的对象也非常广。

【时析】

康熙编写的《庭训格言》教诲督促、严格训饬子孙。因此，在他身后的儿孙们，大多能文能武，尤其在他之后，又出现了两个杰出的帝王：雍正皇帝，功业显赫，谋略超人；乾隆皇帝，儒雅风流，自号“十全皇帝”。正是在康乾盛世的基础上，奠定了清王朝二百多年的基业。所有这些，都因受到《庭训格言》的道德遗泽的影响。本条语录是《庭训格言》中的一句，主要希望仁人君子能够爱人、爱物。

万物一体

天地与我并生，而万物与我为一。（《庄子·齐物论》）

【今译】

天地虽大，也可以说与我并生；万物虽多，也可以说与我为一。

【时析】

实际上，天地长久，人生短暂，实在不能说天地与我并生。万物繁多，人仅一物，实在不能说万物与我为一。在道家的"万物一体"观点看来，天地万物没有蕴涵人所特有的道德意义，万物彼此间是平等的，人与物之间也是平等的，这一点对后世儒家有显著影响。"天地与我并生，万物与我为一"涵蕴着与我同时存在的还有天地万物，这是一种超越人类中心主义的意识，在现代社会可以激发我们保护我们赖以生存的环境以及各种各样的生物。

泛爱万物，天地一体也。（《庄子·天下》）

【今译】

普遍地爱天地之间的万事万物，把天与地看成一个不可分离的整体。

【时析】

《庄子·天下》记载有惠施的"历物十事"，其中第十句为"泛爱万物，天地一体也"。一般认为这里的"爱"可以理解为一般的爱护，认为"泛爱万物"是"天地一体"的"逻辑结论"，由于惠施思想的基本倾向是合异为同，容易着眼于事物差别的相对性而取消差别，所以就认为天地一体，应该无差别地泛爱万物了。

知其心，知其性，则知天矣。（《孟子·尽心上》）

春季图

【今译】

尽最大的努力修养善心,这就懂得了人的本性。懂得了人的本性,也就懂得什么是天命了。

【时析】

在这里,孟子将“天”义理道德化,强调“人”与“天”是相通而整合为一体的,“天”是人伦道德的根源,人心善性是禀天之赋。天性一贯,认识了自己的本心善性便能认识“天”,“天”的义理原则便存在于人心之中,通过“尽心”“养性”即可达到人与天地一体的境界。

夫君子所过①者化,所存②者神,上下与天地同流,岂曰小补之哉?(《孟子·尽心上》)

【注释】

①过:经过。②存:保存,具有。

【今译】

圣人经过的地方,人们都受到感化;停留之地,所起的作用更神妙莫测,上与天齐,下与地同,难道说只是小小的补益吗?

【时析】

孟子把“天”和“人”看成一个统一的整体，追求的“上下与天地同流”的境界，表现了他对自然界生命意义的赞美与崇敬，也是对人与天地万物合一的生命体悟。孟子同庄子不同的是，他强调人的主观能动性，通过培养和发挥“浩然之气”来达到“与天地同流”的境界。

万物皆备于我矣。反身而诚，乐莫大焉。强恕而行，求仁莫近焉。（《孟子·尽心上》）

【今译】

万物我都具备了。反躬自问诚实无欺，便是最大的快乐。尽力按恕道办事，接近仁德的道路没有比这更近便的了。

【时析】

“万物皆备于我”实即人与万物为一体或天人合一之意，所谓天人合一，这里的“天”也就是指万物，天人合一即人与万物合一或人与万物一体。在人与万物合一的“一体”之中，人与万物无内外之分，无任何隔阂，故人不仅对“亲”，而且对“民”以至对“物”，皆有“恻隐之心”，皆有“仁爱”之性。

乾称父，坤称母，予兹藐焉①，乃混然中处。故天地之塞②，吾其体；天地之帅，吾其性③。民吾同胞，物吾与④也。（《张载集·西铭》）

【注释】

①予：我。兹：语气词。藐：弱小，多指幼儿。②天地之塞：乾坤的阴阳二气充塞天地。③帅：带领，遵循。吾其性：我因此而成就了自己的本性。④与：同类。

【今译】

乾可以称为父亲，坤可以称为母亲。我，很渺小地，处在天地之中，与天地万物混为一体。所以，乾坤的阴阳二气充塞天地，也赋予了我的形体；天地的性质为阴阳二气所遵循，我因此而成就了自己的本性。所有人民是同一父母所生的兄弟，人类以外的万物是我的同类。

【时析】

张载在《西铭》中将人与人、人与物之间的阻隔全面破除，将人与天地万物一体的境界作了形象论述：乾、坤就是天地，人是天地的孩子而“混然中处”，人与天地万物同处于一个无限的生命整体和链条中。这里的乾父坤母主要是象征意义上说的，他并不是说天地就是人的父母，而是强调超越性的天地对于人而言的根本意义，也就是它对于人的本体论意义。诚如朱子所云：“《西铭》首论天地万物同体之意，固极宏大。”显然，《西铭》所强调的“同体”之意，偏重的是人与万物“同为一体”之意，而不是“同一本体”，故人与天地万物本为一体而不可分割。这样，张载体悟到人与人、人与万物息息相通、血肉相连的内在联系，自然就得出了“民胞物与”的结论。嗣后，程朱理学、阳明心学对“天地万物一体之仁”之说加以进一步详化深化。

医书以手足痿痹[①]为不仁，此言最善名状[②]。仁者以天地万物为一体，莫非己也。认得为己，何所不至；若不属己，自与己不相干。如手足之不仁，气已不贯，皆不属己。故博施济众[③]，乃圣人之功用。（《河南程氏遗书》卷二上）

【注释】

①痿痹：痿，读作 wěi，中医指身体某一部分萎缩或失去功能的病，例如下痿、阳痿等。痹，中医指由风、寒、湿等引起的肢体疼痛或麻木的病。肢体不能动作或丧失感觉，表现为麻木不仁，比喻对事物的反应迟钝或漠不关心。②最善名状：最好描述。③出自《论语·雍也篇》。

【今译】

医学上常常说手脚肌肉萎缩麻木为不仁，这话是对不仁的最好描述。仁德者以天地万物为统一体，没有不属于自己的方面。认为外界的事物就是自己身体的一部分，又有哪些仁爱之事做不到呢？如果认为外界的事物与自己毫不相干，那就像人的手脚麻木不仁，气血不能贯通，都是不属于自己的方面。所以，广施恩惠，拯救众民，才是圣人应该发挥的作用。

【时析】

通常说人得了痿痹病，就表现为手足麻木不仁，觉得手足与自己没有关系。人与天地万物的关系与此非常相似，能够体现仁爱的人对天地万物有一种认同感，在精神上通达于天地万物，这就是感通。如果不能感通，就表示天地万物不属于自己，与自己没有什么关系。这里关键是说有仁德的人能够把天地万物看成是与自己息息相关的有生命力的整体，把天地万物看成是自己的生命的一部分，故能爱人爱物，如同爱己。

若夫至仁，则天地为一身，而天地之间，品物①万形，为四肢百体。夫人岂有视四肢百体而不爱哉！(《二程遗书》卷四)

【注释】

①品物：万物。

【今译】

要说最大的仁，就是将天地万物视为与自己一样的整体生命，而天地之间的万象万物就是这一整体生命的四肢百骸。哪里有人对待自己的四肢百骸而不爱护呢？

【时析】

也就是说，整个天地宇宙就是"大我"，天地之间的万象万物是"大我"的"四肢百体"，因而，人类对于万象万物，就像对待自己的肢体一样，倍加珍惜和爱护。当万象万物遭到损伤，犹如自己的肢体受到伤害一样，怜悯之情油然而生。"仁"的意思，依照孔子的说法，是爱人。真正的至仁不仅爱人，而且爱物，爱天地，因为在至仁者看来，天人相合，万物一体，仁也就是核心，天地宇宙与人的核心。

宇宙便是吾心，吾心便是宇宙。(《陆九渊集》卷三十六)

【今译】

宇宙就是我的心,我的心也就是宇宙。

【时析】

这是宋代心学创始人陆九渊的主要哲学观点,其特点是把宇宙与心合一,视主观的"吾心"(良知)为宇宙本体。四方上下,古往今来,万事万物无不在我心中;我的心与天地万物为一体,只要认识自己的心,就认识了一切。这话上承孟子的"万物皆备于我",下接王阳明的"心外无物",成为心性之学的基本思维方式。

夫圣人之心,以天地万物为一体,其视天下之人无外内远近,凡有血气,皆其昆弟[①]赤子之亲,莫不欲安全而教养之,以遂其万物一体之念。天下之人心,其始亦非有异于圣人也,特其间于有我之私,隔于物欲之蔽,大者以小、通者以塞,人各有心,至有视其父子昆弟为仇雠[②]者。圣人忧之,是以推其天地万物一体之仁以教天下,使之皆有以克其私,去其蔽,以复其心体之同然。(《传习录中·答顾东桥书》)

【注释】

①昆弟:兄和弟。②雠(chóu):大怨曰雠。仇雠:仇敌。

【今译】

至于圣人的心,那是与天地万物为一体的。圣人对待天下之人,没有亲疏远近内外的差别。凡是有生命血气的,都像亲兄弟一样有着赤诚的亲情,都会保障他们的平安并且进行教养,以实现他的天地万物一体的本心。天下一般人的心,一开始与圣人并没有什么不同,只是被自我的私心所离间,受到物欲的蒙蔽,为天下大众的心变成了为自己的私心,通达的心变成了有阻塞的心。这样,人人都有自己的打算,甚至把父子兄弟也看成仇人。圣人对这样的情况感到忧虑,所以就推广他那与天地万物为一体的仁心来教化天下人，使天下人都克服私心，除去蔽塞，从而恢复本来所共有的本心。

【时析】

这是王阳明诠释《大学》中的一段话，他以万物同体的归旨把"仁者与天地万物为一体"与《大学》三纲领之一的"亲民"联成一体。在王阳明看来，就"心"的本来面目而言，每个人与圣人一样，都是以天地万物为一体的，这种一体主要表现为相互之间的诚爱无私。比起孔子的博爱济众和孟子的仁民爱物，王阳明在这里更加凸显出儒学诚爱恻怛的情怀和对于社会、人类的责任感、使命感。这当然是在总结、继承前此儒家思想传统的基础上，根据时代发展的需要，从心学的角度对儒家天地万物一体观点的重大发展。

大人之能以天地万物为一体也，非意之也，其心之仁本若是，其与天地万物而为一也。岂惟大人，虽小人之心，亦莫不然，彼顾自小之耳。是故见孺子之入井，而必有怵惕恻隐①之心焉，是其仁之与孺子而为一体也。孺子犹同类者也，见鸟兽之哀鸣觳觫②而必有不忍之心焉，是其仁之与鸟兽而为一体也。鸟兽犹有知觉者也，见草木之摧折而必有悯恤③之心焉，是其仁之与草木而为一体也。草木犹有生意者也，见瓦石之毁坏而必有顾惜之心焉，是其仁之与瓦石而为一体也。是其一体之仁也，虽小人之心亦必有之。

（《王文成公全书·大学问》）

【注释】

①怵惕恻隐：形容人既担惊受怕，又同情怜悯。②觳觫（húsù）：恐惧得发抖。③悯恤：哀怜顾恤。

【今译】

大人能够以天地万物为一体，不是有意的，他的心的仁爱本来就是这样。他以仁爱之心感通到天地万物是一体的。岂只是大人是这样，就是小人的心，也是这样。小人之为小人就是自我狭小，不能突破出来罢了。因此，一个人见到小孩子掉进井里，就一定会有惊恐同情之心，这是因为他的仁心与这个小孩子为一体。小孩子与他还是同类，即使（不是同类），如他看到鸟兽的哀鸣和战栗也会有不忍心的心，这是他的仁心与鸟兽为一体了。鸟兽算是有知觉的，即使（没有知觉的），如它看到草木被摧残折短也一定会有悯恤之心，这是它仁心与草木为一体。草木还是有生命的，即使（没有生命的），如它看见瓦石被毁坏也一定会有顾惜之心，这是它仁心与瓦石为一体。这些都是他在天地万物一体上表现出来的仁心，即使小人也一定会有这样的仁心。

【时析】

在阳明看来，大人之所以能“以天地万物为一体”，乃是出于“其心之仁”的显现，全然无私利计较之意。而这个仁心，人人固有，只是小人因躯壳的自我限定，蔽于私欲，不能时时呈现仁心的感通的作用，所以有物我之分，而无一体之感。虽然如此，当仁心一旦真实呈现时，感通之情油然而生。故见孺子入井，恻隐之心自然流露，思以救之，不救则心不安。由此而言，恻隐之心已与孺子相感通，成为一体，孺子之伤即我之伤。同样地，吾人见鸟兽、草木与瓦石不得其生、不得其所，也会有不忍、悯恤、顾惜之心。即在此仁心的感通中，吾人与鸟兽、草木、瓦石成为一体。总括言之，即皆有“一体之仁”。因为有了仁，所以天下万物才能成为一体。

盖天地万物与人原是一体，其发窍之最精处，是人心一点灵明。风雨露雷、日月星辰、禽兽草木、山川土石与人原只一体。故五谷禽兽之类，皆可以养人；药石之类，皆可以疗疾，只为同此一气，故能相通耳。（《阳明全书·传习录下》）

【今译】

天地万物与人原本是一体，而人发窍的最精明之处就是人心那一点灵明。风雨露雷、日月星辰、禽兽草木、山川土石之嫌自然物与人原本只一体。所以，五谷禽兽这些东西都可以养育人们的身体，草药金石这些东西都可以治疗人们的疾病，原因只是在于人与这些万物之间同为一气，所以能够相通罢了。

【时析】

王阳明是以良知为本体的，强调人类与宇宙万物皆归本于良知，统一于良知。“人的良知，就是草木瓦石的良知。若草木瓦石无人的良知，不可以为草木瓦石矣。岂惟草木瓦石为然，天地无人的良知，亦不可为天地矣。”（《阳明全书》卷三《传习录下》）天地万物与人原是一体，风雨露雷、日月星辰、禽兽草木、山川土石与人原也只一体。凭藉着“人心一点灵明”或“人的良知”的沟通，天地万物便与人融为一体，同出一源，殊无区别。

万物一体，痌瘝[1]切身，斯为德之盛、仁之至。（《庭训格言》）

【注释】

①痌瘝（tōngguān）：病痛，比喻疾苦。

【今译】

对天下万物都视为一体，一切的疾苦他都感同身受，这就是道德的最高境界，仁爱的极致了。

【时析】

只有把天下万物看成是一个有机的生命体，才能感受到天地之间的万物与自己生命的息息相关，这样就会对一切事物都怀有仁爱之心，就能达到道德的最高境界和仁爱的顶点。有了万物一体的宇宙观，人生自然被仁爱所充满，欲不仁民不爱物，不可得也。

兼爱利人

爱人利人者，天必福之；恶人贼人者，天必祸之。曰杀不辜者，得不祥焉。夫奚[1]说人为其相杀而天与祸乎！是以知天欲人相爱相利，而不欲人相恶相贼也。（《墨子·法仪》）

【注释】

①奚：为什么。

【今译】

爱护和使人们获利的人，上天一定会降福给他；仇恨和贼害他人的人，上天一定会降祸给他。每天残杀无辜的人，一定会有祸患降临。为什么说人们若相互杀害，天一定要降祸患给他们呢？是因为上天要人们相互爱护相互利益，而不要人们相互仇恨相互残害。

【时析】

墨子的“天”是有意志、有人格的，全知全能的，能够赏善罚恶的宇宙万物的最高主宰。墨子生活的时代正是天下大乱的时代，他认为，天下之所以大乱，其原因在于人们对天没有敬畏，对鬼神没有害怕，所以他试图用天来警戒世人，认为天可以降福祸。举例说从前夏禹、商汤、周文王、周武王这些圣王，兼爱天下百姓，带领他们敬奉上天，祭祀鬼神，他们给予百姓的好处多，所以上天降福给他们，让他们立为天子，天下的诸侯都服侍他们。相反，夏桀、商纣、周幽王、周厉王这些暴虐的君王，兼恶天下的百姓，带领百姓咒骂上天，侮辱鬼神，他们残害百姓的太多，所以上天降祸给他们，使他们失掉了国家，死后还被天下人唾弃，被后代子孙毁骂直到现在。所以做坏事得祸的，就是桀、纣、幽、厉这样的人；而爱人利人得福的，就是禹、汤、文、武这样的人。

若使天下兼相爱，爱人若爱其身，犹有不孝者乎？视父、兄与君若其身，恶[1]施不孝？犹有不慈者乎？视子弟与臣若其身，恶施不慈？故不孝、不慈亡[2]，犹有盗贼乎？视人之室若其室，谁窃？视人身若其身，谁贼？故盗贼有亡。犹有人夫之相乱家、诸侯之相攻国者乎？视人家若其家，谁乱？视人国若其国，谁攻？故大夫之相乱家、诸侯之相攻国者有亡。若使天下兼相爱，国与国不相攻，家与家不相乱，盗贼无有，君臣父子皆能孝慈，若此，则天下治。故圣人以治天下为事者，恶得不禁恶而劝爱？故天下兼相爱则治，交相恶则乱。故子墨子曰不可以不劝爱人者，此也。（《墨子·兼爱上》）

【注释】

①恶：乌，什么地方。②亡：无。

【今译】

假使天下人都能同时相爱，爱他人好像爱自己本身，还有不孝的吗？看待父兄和君主好像看待自己本身，在何处施行不孝？还会有不慈爱？看待弟弟、儿子和臣下好像看待自己本身，在何处施行不孝？因此，不孝不慈都没有了，还会有盗贼吗？把别人的家族看成是自己的家族，谁还去偷窃？把别人看成是自己本身，谁去残害？所以盗贼、残害没有了，还会有大夫互相侵乱家族、诸侯相攻其国的事吗？看待别人的家族好像看待自己的家族，谁还去扰乱？看待别国好像自己的国家，谁还去攻打？所以像大夫相乱其家族，诸侯相攻其国的事都没有了。假使天下的人都能相爱，国与国不相攻，家族与家族不相扰乱，盗贼没有了，君臣父子都能忠孝仁慈，这样天下就能治理好了。所以圣人从事于治理天下，怎么可以不禁人民之间相互憎恨，而劝导人民之间相爱呢？所以天下能同时相爱就治，要是同时相憎恨就乱。因此，墨子说“不可以不劝人民相爱”的道理，就在这里。

【时析】

“兼爱”是墨家学派最有代表性的理论之一。所谓兼爱，其本质是要求人们爱人如己，彼此之间不要存在血缘与等级差别的观念。墨子认为，不相爱是当时社会混乱最大的原因，只有通过“兼相爱，交相利”才能达到社会安定的状态。这种理论具有反抗贵族等级观念的进步意义，但同时也带有强烈的理想色彩。墨子的“兼爱”在实质上是非常接近孔子的“仁者爱人”思想的；有所不同的是，孔子所谓“仁者”是指“君子”，而墨子的“兼爱”则似乎包括所有的人。正是根源于儒墨思想的这种异同，墨子才提出了诸如“非儒”“节用”“节葬”“尚贤”“尚同”等一系列表面看来不同于儒家的观点。其实，这一系列观点与其说是对儒家的批判，不如说是对儒家的补充、校正，具体说来，就是对儒家“仁者爱人”根本观点的补充、校正。

故诸侯不相爱则必野战，家主不相爱则必相篡，人与人不相爱则必相贼，君臣不相爱则不惠忠，父子不相爱则不慈孝，兄弟不相爱则不和调。天下之人不相爱，强必执弱，富必侮贫，贵必敖①贱，诈必欺愚。凡天下祸篡怨恨，其所以起者，以不相爱生也。（《墨子·兼爱中》）

【注释】

①敖：通“傲”。

【今译】

所以诸侯不相爱，就必然发生野战；家族宗主不相爱，就必然相互掠夺；人与人不相爱，就必然相互残害；君与臣不相爱，就必然不相互施惠、效忠；父与子不相爱，就必然不相互慈爱、孝敬；兄与弟不相爱，就必然不相互融洽、谐调。天下的人都不相爱，强大的就必然控制弱小的，富足的就必然欺侮贫困的，尊贵的就必然傲视卑贱的，狡猾的就必然欺骗愚笨的。举凡天下祸患、掠夺、埋怨、愤恨产生的原因，都是因不相爱而产生的。

【时析】

墨子分析了当时天下大乱的形势，认为当时“国之与国之相攻，家之与家之相篡，人之与人之相贼，君臣不惠忠，父子不慈孝，兄弟不和调”是“天下之害也。”这些害为什么会产生呢？是因为“不相爱”的缘故。由于不兼爱而交相恶，所以产生出“野战”“相篡”“相贼”“不惠忠”“不慈孝”“不和谐”“强凌弱”“富侮贫”“贵傲贱”等邪恶、不公正的现象。对这些现象的揭示就是他下面提出“兼相爱、交相利”主张的基本依据。

夫爱人者，人必从而爱之；利人者，人必从而利之；恶[1]人者，人必从而恶之；害人者，人必从而害之。此何难之有！特上弗以为政[2]，士不以为行故[3]也。（《墨子·兼爱中》）

【注释】

①恶（wù）：憎恨。②上：君王。弗：不。政：政务。③行：行为。故：缘故。

【今译】

凡是爱别人的人，别人也随即会爱他；有利于别人的人，别人也随即会有利于他；憎恶别人的人，别人也随即会憎恶他；损害别人的人，别人随即会损害他。实行这种兼爱有什么困难呢？只是由于居上位的人不用它为之于政，士人不用它实之于行的缘故。

【时析】

如果人们都有“兼相爱”的善良动机，我有爱人、利人的行为，人们就会爱我、利我，这就实现了“交相利”。所谓“投我以桃，报之以李”说的就是这个道理。这样所达到的就是一种互爱、互利的共赢效果。

视人之国，若视其国；视人之家，若视其家；视人之身，若视其身。是故诸侯相爱，则不野战；家主相爱，则不相篡；人与人相爱，则不相贼；君臣相爱，则惠忠；父

子相爱，则慈孝；兄弟相爱，则和调。天下之人皆相爱，强不执弱，众不劫寡，富不侮贫，贵不傲贱，诈不欺愚，凡天下祸篡怨恨，可使毋①起者，以相爱生也，是以仁者誉之。（《墨子·兼爱中》）

【注释】

①毋：不。

【今译】

看待别人的国家就像自己的国家，看待别人的家族就像自己的家族，看待别人之身就像自己之身。所以诸侯之间相爱，就不会发生野战；家族宗主之间相爱，就不会发生掠夺；人与人之间相爱，就不会相互残害；君臣之间相爱，就会相互施惠、效忠；父子之间相爱，就会相互慈爱、孝敬；兄弟之间相爱，就会相互融洽、谐调。天下的人都相爱，强大者就不会控制弱小者，人多者就不会强迫人少者，富足者就不会欺侮贫困者，尊贵者就不会傲视卑贱者，狡诈者就不会欺骗愚笨者。举凡天下的祸患、掠夺、埋怨、愤恨可以不使它产生的原因，是因为相爱而生产的，所以仁者称赞它。

【时析】

墨子“兼爱”的理想主义色彩非常浓厚，和孔子的大同思想在理论方法上几乎完全相同。但孔子的大同，并不希望立刻实行，是一种渐渐的进化，到了“太平世”才能办到。在进化过渡期内，还拿“小康”来做个阶段。墨子却简单明了，除了实行“兼爱”外，不容有别的主张。孔、墨异同之点在此。这一点甚至到二千多年后的洪秀全也几乎以同样的词句诠释了太平天国的理想。墨子的“兼爱”理想由于丧失了经济、政治基础，因而也就无法转化为现实存在的合理性。从“爱无差等”和“爱有差等”这个角度来说，墨家的“兼爱”是比儒家的“仁”更能体现出博爱。其兼爱观也突出了互助互利的精神，是应予以褒扬和发挥的。但是，想要鉴借墨子“兼爱”，做到爱人如爱己，实现的可能性微乎其微，所以在中国思想史上，墨家自秦汉以后就成为绝响。相比而言，儒家伦理道德层面上的仁爱主张由于建构在血缘亲情基础上而显得更为可信、可行，成为绵延数千年封建社会的道德律令。

子墨子言曰："昔三代圣王禹、汤、文、武，此顺天意而得赏也；昔三代之暴王桀、纣、幽、厉，此反天意而得罚者也。"然则禹、汤、文、武，其得赏何以也？子墨子言曰："其事上尊天，中事鬼神，下爱人，故天意曰：'此之我所爱，兼而爱之；我所利，兼而利之。爱人者此为博焉，利人者此为厚焉。'故使贵为天子，富有天下，业万世子孙，传称其善，方[1]施天下，至今称之，谓之圣王。"（《墨子·天志上》）

【注释】

①方："旁"的通假字，普遍。

【今译】

墨子说道："从前三代圣王禹、汤、文王、武王，这些是顺从天意而得到赏赐的；从前三代的暴王桀、纣、幽王、厉王，这些是违反天意而得到惩罚的。"既然如此，那么禹、汤、文王、武王得到赏赐是因为什么呢？墨子说："他们所做的事上尊天志，中敬奉鬼，下爱人民。所以天意说：'这就是对我所爱的，他们兼而爱之；对我所利的，他们兼而利之。爱人的事，这最为广泛；利人的事，这最为厚重。'所以使他们贵为天子，富有天下，子子孙孙不绝，相传而称颂他们的美德，教化遍施于天下，到现在还受人称道，称他为圣王。"

【时析】

墨子以三代圣王禹、汤、文、武和暴王桀、纣、幽王、厉王相反相对的例子，指出天意和鬼神都是存在的。但是，他承认这种存在，目的并不在于强调它们，而更在于用它们对人进行约束。由此可见，墨子之所以议论天意和鬼神，目的全在于为他的"兼爱"说服务。他是把"事上尊天，中事鬼神，下爱人"这三者统一在一起的。"爱人"也同时是"尊天""事鬼神"。反过来说，"贼人"也同时是"诟天""诬鬼神"。

今天下之士君子之欲为义者，则不可不顺天之意矣。曰：顺天之意何若？曰：兼爱天下之人。何以知兼爱天下之人也？以兼而食之也。何以知其兼而食之也？自古及今无有远（灵）[虚]①孤夷之国，皆犓豢②其牛羊犬彘，絜为粢③盛酒醴，以敬祭祀上帝山川鬼神，以此知兼而食之也。苟兼而食焉，必兼而爱之。譬之若楚、越之君，今是楚王食于楚之四境之内，故爱楚之人；越王食于越，故爱越之人。今天兼天下而食焉，我以此知其兼爱天下之人也。（《墨子·天志下》）

【注释】

①(灵)[虚]：据孙诒让校说改正。远虚：即远方。②犓豢（chúhuàn）：饲养牲畜。③絜(jié)：通"洁"，清洁。粢(zī)：古代供祭祀用的谷类。

【今译】

现在天下的士君子希望行义的话，那么就不可不顺从天意。

问道：顺从天意应怎样做呢？回答说：兼爱天下的人。怎么知道是兼爱天下的人呢？因为天对人民的祭祀全都享用。怎么知道天兼而食之呢？自古及今，无论如何遥远偏僻的国家，都喂养牛羊狗猪，洁净地整备酒醴粢盛，用以祭祀山川、上帝、鬼神，由此知道上天对人民兼而食之。假如兼而食之，必定会兼而爱之，就好像楚、越的国君一样。现在楚王在楚国四境之内享用食物，所以爱楚国的人。越王在越国享用食物，所以爱越国的人。现在天对天下兼而享用，我因此知道它爱天下的人。

【时析】

墨子认为，天下的士君子要做到"义"。"义"是墨子思想学说体系的一个重要组成部分，纵览《墨子》全书，"义"是贯穿其间的一条主线。墨子思想体系中的"十论"都是围绕"义"展开的，而这一概念的提出，既有其理论依据——天志，又有其现实依据——人性。怎么能够做到"义"？不可不顺天之意。怎么顺应天意呢？"兼爱天下之人"。怎么兼爱天下之人呢？"兼而食之”。他所说的“兼而食之”就是以食物祭祀上帝山川鬼神，让它们与人一样享用食物。“兼而食”必然“兼而爱”。连上帝山川鬼神都能够“兼而食”“兼而爱”，其他诸侯国之间当然可以“兼食”“兼爱”了，这就是所谓的“兼爱天下之人”。墨子不愧为逻辑学家，这里的论证推理真是环环相扣，丝丝绵密。

人君唯毋听兼爱之说，则视天下之民如其民，视国如吾国。如是，则无并兼攘夺之心，无覆军败将之事。然则射御勇力不厚禄，覆军杀将之臣不贵爵。如是，则射御勇力之士在外矣。我能毋攻人可也，不能令人毋攻我。彼求地而与之，非我所欲也，不予而与战，必不胜也。彼以教士，我以驱众；彼以良将，我以无能，其败必覆军杀将。故曰：“兼爱之说胜，则士卒不战。”（《管子·立政九败解》）

【今译】

人君如果听信兼爱人类的议论，就会把天下的民众都看成他自己的人，把别的国家都看成自己的国家。这样就没有兼并争夺别国领土的心机，也没有战胜敌军敌将的事情。那么，射敌和车战的勇士没有厚禄，消灭敌军敌将的功臣就没有贵爵，这样射击、车战的勇士们就要奔投外国去了。我们不攻打别人是可以做得到的，但不能让人家不攻打我们。敌国要求割地给他们，不是我们所愿意的，不割地而与之战斗，又一定打不赢。人家用经过训练的士兵，我们用临时征集的乌合之众；人家用良将，我们用无能耐之辈，其败局一定是军士覆亡而将领被杀。所以说：“兼爱世人的主张占上风，士卒就不愿作战。”

【时析】

历史进入春秋战国时期，战争频繁，土地荒芜，死者遍野，民不聊生，广大人民群众渴望弥兵息战，休养生息。墨子体察到下层的民情，代表小生产者及广大百姓的利益，提出“兼爱”“非攻”等重要主张，是有积极意义的。但是，法家当时提出“重法”“耕战”等主张，与墨家正好相反。《管子》当中包含有战国齐法家的许多思想，认为墨家主张“兼爱”“非攻”，会造成人们不愿打仗，就会在激烈的兼并战争中被别的诸侯国吞并，所以反对墨家的"兼爱"主张。

赵惠王谓公孙龙曰："寡人事偃兵十余年矣而不成，兵不可偃乎？"公孙龙对曰："偃兵之意，兼爱天下之心也。兼爱天下，不可以虚名为也，必有其实。今蔺、离石入秦，而王缟素布总；东攻齐得城，而王加膳置酒。秦得地而王布总，齐亡地而王加膳，所①非兼爱之心也。此偃兵之所以不成也。"今有人于此，无礼慢易而求敬，阿党不公而求令，烦号数变而求静，暴戾贪得而求定，虽黄帝犹若困。（《吕氏春秋·审应》）

【注释】

①所：这的意思。

【今译】

赵惠王对公孙龙说："我致力于消除战争已经十多年了，却没有成功，战争不可消除吗？"公孙龙回答说："消除战争的想法，体现了兼爱天下的思想。兼爱天下，不能依靠虚名去做，一定要有实际行动。现在蔺、离石二县归属了秦国，您就穿上白色的衣服，用布束起头发；向东攻打齐国夺取了城邑，您就加餐安排酒筵。秦国得到土地您穿丧衣，齐国丧失土地您加餐庆贺，这不符合兼爱天下的思想。这就是消除战争不能成功的原因。"假如有这样一个人，傲慢无礼却想受到尊敬，结党营私处事不公却想得到好名声，号令烦琐屡次变更却想平静，残暴乖戾贪得无厌却想安定，即使是黄帝也会被难住。

【时析】

战国初期以来，有两种互相对立的战争观念最为鲜明，一种是"偃兵止武论"，一种是以兵攻兵的"义兵"学说。两个有名的主张"偃兵"学说的士人，一个是公孙龙，一个是惠施。这里通过赵惠王与公孙龙的对话，表达了公孙龙"偃兵"学说的基本思想："偃兵之意，兼爱天下之心也。兼爱天下，不可以虚名为也，必有其实。”希望君主以兼爱天下之心实实在在地做兼爱天下的事情，显然这是把墨家“兼爱”与“偃兵”学说结合了起来。不过，在当时诸侯争战、兼国并地的情况下，这些主张往往流于空洞迂腐。

巫马子谓子墨子曰：“子兼爱天下，未云利也；我不爱天下，未云贼也[1]。功皆未至[2]，子何独自是而非我哉[3]？”子墨子曰：“今有燎[4]者于此，一人奉[5]水将灌之，一人掺[6]火将益之，功皆未至，子何贵于二人[7]？”巫马子曰：“我是彼奉水者之意，而非夫掺火者之意。”子墨子曰：“吾亦是吾意，而非子之意也。”（《墨子·耕柱》）

【注释】

①天下：指天下之人。贼：害，伤害。②功皆未至：都没有收到功效。功，功效。③独：偏偏。自是：自以为是。非我：以我为非。④燎：放火。⑤奉：捧。⑥掺：同“操”，拿着。⑦子何贵于二人：这两个人当中你认为哪一个可贵呢？贵，以……为贵。意，意图。夫，那个。

【今译】

巫马子对墨子说：“你同时爱天下之人，也没有得到好处；我不爱天下之人，也没有受到伤害。都没有收到功效，你为什么偏偏认为自己对却认为我不对呢？”墨子回答说：“现在有个放火的人在这里，一个人捧着水准备灭火，另一个人拿着火准备使火烧得更大，都没有收到功效，在这两个人当中你认为哪一个可贵呢？”巫马子说：“我是那个捧水人的意图，并不是那个拿火人的意图。”墨子说：“我（兼爱天下）是我的意图，并不是你的意图。”

【时析】

这段文字对比了墨子“兼爱天下”与巫马子“不爱天下”的观点。巫马子认为“功皆未至”反问墨子，墨子用“今有燎者于此，一人奉水将灌之，一人掺火将益之，功皆未至，子何贵于二人？”为喻，教育巫马子，说明了自己“兼爱天下”有自己的意图，并非为了获利。因此，墨子肯定了自己的做法而否定了巫马子的做法。这样，表现了墨子无私的胸怀和巫马子自私的心态。

夷子[①]曰："儒者之道，古之人'若保赤子'[②]，此言何谓也？之则以为：爱无差等，施由亲始。"徐子以告孟子。孟子曰："夫夷子信以为人之亲其兄之子，为若亲其邻之赤子乎？彼有取尔也。赤子匍匐将入井，非赤子之罪也。且天之生物也，使之一本，夷子二本故也。盖上世尝有不葬其亲者，其亲死，则举而委之于壑。他日遇之，狐狸食之，蝇蚋姑嘬之[③]；其颡有泚[④]，睨而不视。夫泚也，非为人，中心达于面目。盖归，反蔂[⑤]梩而掩之。掩之，诚是也，则孝子仁人之掩其亲，亦必有道矣。"徐子以告夷子。夷子怃然为间[⑥]，曰："命之矣。"（《孟子·滕文公上》）

【注释】

①夷子：姓夷名之。②"若保赤子"一语见于《尚书·康诰》。③蝇蚋：苍蝇和蚊子。姑嘬：用嘴吸吮。④颡（sǎng）：额头。泚（cǐ）：冒汗。⑤蔂（léi）：一种像葛的蔓生植物。梩（lí）：可修整土地的一种工具。⑥怃（wǔ）然：茫然若失的样子。为闲：一会儿。

【今译】

夷子说："按儒家的说法，古代的圣人（爱护百姓）就像爱护初生的婴儿，这句话是什么意思呢？我认为是说，对人爱是不分差别等级的，只是施行起来从自己父母开始。"徐辟把夷子的话告诉了孟子。孟子说："夷子真认为爱自己的侄子就像爱邻人的小孩一样吗？他只抓住了这一点。婴儿在地上爬，就要掉进井里了，这不是婴儿的过错，（所以只要有人看见了就去救。他以为这就是爱不分差别等级）再说天生万物，使它们只有一个本源，（人只有父母一个本源）然而夷子（主张爱不分差别等级）是他认为有两个本源的缘故。大概上古曾有个不安葬父母的人，父母死了，就抬走抛弃在山沟里。后来有一天他路过那里，看见狐狸在啃他父母的尸体，苍蝇、蚊虫叮吮着父母的尸体。那人额头上不禁冒出汗来，斜着眼不敢正视。那汗，不是流给人看的，而是内心的悔恨表露在脸上，他就回家拿来筐和锹把尸体掩埋了。掩埋尸体诚然是对的，那么孝子仁人掩埋他们亡故的父母，也就必然有道理了。"徐子把这番话转告给夷子。夷子怅惘了一会儿，说："我受到教诲了。"

【时析】

在这一段对话中，经由孟子学生徐子的传达，持墨子"兼爱"学说的夷子与孟子有了论辩的焦点。首先，孟子以夷子主张薄葬却厚葬其亲的实存经验为例，质疑墨家学说在理论上与实践上的矛盾，而夷子的回应是，一则引证儒者之言"若保赤子"，即指"爱无差等，施由亲始"之意，换言之，儒家也主张"兼爱"。再则，夷子也认为其"葬其亲厚"，正是"施由亲始"的表现，并认为"施由亲始"与"爱无差等"（兼爱）两不相仿，也不一定冲突。然而，孟子却以"人之亲其兄之子"的"血亲"情感远远高于"亲其邻之赤子"的"兼爱"情感为理由，认为墨家思潮主张以人与人的兼爱情感为本根、再从中推演出父慈子孝的血亲情感，是在"亲情"的本根之外又确立了另一个"兼爱"的本根。因此是所谓的"二本"，并且针锋相对地强调了儒家思潮坚持的与"天之生物"相一致的"一本"原则，认为"孝子仁人"应该以血缘亲情作为从事一切行为活动的唯一本原根据。孟子与夷子的论辩，凸显了儒家"一本"与墨家"二本"的根本差异。

心兼爱人谓之仁，反仁为戾。（《新书·道术》）

【今译】

人心如果能够在爱自己的亲人的同时兼顾到爱别人，就可以称为仁；反之，如果违反这样的仁，就会走向暴戾。

【时析】

这是汉初儒者贾谊继承先秦的儒家对"仁"的一个界定，同时也提出了违反"仁"的结果，目的是希望人们能够"心兼爱人"，促使人们和谐相处。

性者[①]，万物之一源，非有我之得私也。惟大人为能尽其道[②]，是故立必俱立，知必周知，爱必兼爱，成不独成。彼自蔽塞[③]而不知顺吾理者，则亦未如之何矣。（《张载集

·正蒙·诚明》)

【注释】

①性:张载认为,性有二义:一是指太和之气的普遍性,即天地之性;二是因特殊的形体而具有的特殊的性,即气质之性。这里的性是指前者,所以说“万物之一源”。②尽其道:懂得万物与我同具有此性的道理。③自蔽塞:指自我蔽塞了天性。

【今译】

天性是天地万物的同一根源,不是我们人类所能独有的。只有圣人能够完全懂得与天地万物一体的道理。所以,他们立身一定要使所有人都能够立身,知道一定要使所有人都知道,爱人一定要兼爱所有的人,他们成功但不是个人独自成功。即使这样,对于那些蔽塞了天性而不懂得顺从天理的人,那也是无可奈何的啊!

【时析】

张载认为那个本源的性——天性,是我们人类与天地万物共同具有的,这就是人与天地万物浑然一体的道理所在,由此引申出一种宣扬人类之爱的伦理学说,强调圣人“立必俱立,知必周知,爱必兼爱,成不独成”。这里的兼爱,也就是仁爱,就是视人如己,“以爱己之心爱人,则尽仁”(《正蒙·中正》),显然与墨家的兼爱原则有许多相通之处,表现出儒家仁道原则与墨家兼爱观念的某种融合,丰富了儒家精神的人文内涵。但是,应该指出的是,张载的思想与墨家的“兼爱”有本质的不同。二程与朱熹有感于此,唯恐混同于墨家,故而一再试图作出区别:程颐在《伊川文集》卷五中说《西铭》“明理一而分殊,墨氏则二本而无分”,朱熹说“一统而万殊,则虽天下一家,中国一人,而不流于兼爱之蔽”(《朱熹·西铭论》)。

问:“……何墨氏兼爱,反不得谓之仁?”

先生曰:“此亦甚难言,须是诸君自体认出来始得。仁是造化生生不息之理,虽弥漫周遍,无处不是,然其流行发生,亦只有个渐,所以生生不息。如冬至一阳生,必自一阳生而后渐渐至于六阳,若无一阳之生,岂有六阳?阴

亦然。惟有渐所以便有个发端处，惟其有个发端处所以生，惟其生所以不息。譬之木，其始抽芽，便是木之生意发端处，抽芽然后发干，发干然后生枝生叶，然后是生生不息。若无芽，何以有干有枝叶？能抽芽，必是下面有个根在。有根方生，无根便死。无根何从抽芽？父子兄弟之爱便是人心生意发端处，如木之抽芽，自此而仁民而爱物，便是发干生枝生叶。墨氏兼爱无差等，将自家父子兄弟与途人一般看，便自没了发端处，不抽芽，便知得他无根，便不是生生不息，安得谓之仁？”（《传习录》卷上）

【今译】

有人问：“……为何墨子的‘兼爱’反而不能称为仁呢？”

阳明先生说：“这些很难用语言表达，主要还有赖于各位自己从心底里深刻体会，才能弄清楚。仁是造化万物生生不息的天理，虽然它遍布宇宙，无处不在，然而它的产生、发展也只是个渐进的过程，所以生生不息。就像冬至时一阳开始产生，一定是从一阳开始，渐渐才产生六阳。如果没有一阳的产生，又何来六阳？阴也是这样。正因为它是个渐进的过程，所以就会有个开端；就因为它有个开端，所以才会有生命力；因为有生命力，所以它才能生生不息。就像树木一样，开始时是发芽，这就是树木生命力产生的地方；树发芽之后，就长成树干，树干上就会长出树枝、树叶，树就是这样生生不息的。假如树没有芽，怎么能长成树干和树叶呢？树能够发芽，一定是树芽的下面有树根。有树根才能生长，没有树根就会死。没有树根芽从哪里发出来呢？父子兄弟的爱，就是人产生感情的最初出发点，就像树会发芽一样。从这里开始，才会关爱百姓，友爱万物，这就像树发芽之后，会枝叶繁茂。墨氏的兼爱是无差别的兼爱，把自家的父子兄弟当做一般人看待，这就没有了发展的起点。树不发芽，便知道其没有根，也就缺少永恒发展的生命力。这怎么能叫仁爱呢？”

【时析】

儒家的仁爱是以“爱有差等”为其具体展开的逻辑形式，所以仍然要与墨家的“兼爱”划清界限。早在先秦，孟子就曾经激烈地批评墨子“兼爱”是无父，认为兼爱之说抹杀了孝悌作为仁道的根本，会导致社会伦理的混乱。王阳明继承发展孟子的思想，认为“仁”是造化生生不息的天理，它的产生、发展是一个渐进过程，是有生命力的，所以生生不息。他以树木为例，说明人类的仁爱其发芽就是父子兄弟的爱，从这里开始，才会关爱百姓，友爱万物，就像树从根芽逐渐长成树干和树叶一样。墨子“兼爱”的缺点就是没有发端处，也就成了空话大话。仁爱在父母兄弟朋友基本的人伦当中可随时得到检点，而兼爱则虚而不可行，对天下的危害也就很大。

孟子辟杨、墨，至于“无父、无君”。二子亦当时之贤者，使与孟子并世而生，未必不以之为贤；墨子兼爱，行仁而过耳，杨子为我，行义而过耳，此其为说亦岂诚灭理乱常之甚，而足以眩天下哉？而其流之弊，孟子则比于禽兽、夷狄，所谓以学术杀天下后世也。（《传习录》卷中）

【今译】

孟子批评杨朱和墨子是无父无君的人。杨朱和墨子也是当时贤明的人，如果与孟子处于同一时代，未必不可以把他们称做贤明的人。墨子主张“兼爱”，只是行仁太过头了而已；杨朱主张“为我”，只是行义太过头了而已。他们的这些学说主张，并不是要毁灭天理，扰乱纲常，从而迷惑天下的人。但他们的学说主张流行后所产生的弊端，孟子甚至用禽兽、夷狄来比喻，这就是所谓用学术来灭杀天下后世。

【时析】

王阳明对儒学史上“辟杨、墨”问题进行了反思，与程朱的立场一致，观点略有差异，他还是肯定杨朱和墨子也是当时贤明的人，只是他们走了极端，不是中道而行；他们也不是有意地要毁灭天理，扰乱纲常，从而迷惑天下的人，但是他们学术的客观效果是消极的、负面的，所以王阳明还是要批判他们的，但是相对客观公正多了。

《西铭》[1]之为书，推理以存义，扩前圣所未发，与孟子性善养气之论同功，岂墨氏之比哉？《西铭》明理一而分殊[2]，墨氏则二本而无分。分殊之蔽，私胜而失仁；无分之罪，兼爱而无义。分立而推理一，以止私胜之流，仁之方也。无别而迷兼爱，至于无父之极，义之贼也。子比而同之，过矣。（《河南程氏文集·答杨时论西铭书》）

【注释】

①《西铭》：为《正蒙·乾称篇》中的一篇，张载曾将其录于学堂双牖的右侧，题为最初为《订顽》，后程颐将《订顽》改称为《西铭》，才有此独立之篇名。②理一分殊：是中国宋明理学讨论一理与万物关系的重要命题，源于唐代佛教华严宗和禅宗。张载在《西铭》中说"乾称父，坤称母"，"民吾同胞，物吾与也。天地之塞吾其体，天地之帅吾其性"，从中发挥万物同属一气的观点。程颐把张载的上述思想概括为"理一分殊"。朱熹把"理一分殊"作为其理一元论哲学的重要命题，从本体论角度指出，综合天地万物的理，只是一个理，分开来，每个事物都各自有一个理。然千差万殊的事物都是那个"理一"的体现。

【今译】

《西铭》这部书，能够推天理以存道义，扩充了往圣没有表达出来的意思，与孟子提出的性善论、养气论对儒家有同等大的功劳，岂是墨氏可以相提并论的？《西铭》主旨是"理一分殊"，而墨家则讲"爱无差等""施由亲始"的二本而没有分别。只强调分殊的弊端，就是产生私欲泛滥而丧失仁爱；没有分别的罪错，就在于倡导兼爱而没有道义。通过对万物分殊的确立进一步推到宇宙的本原（理一），这样就可以阻止私欲泛滥的情况，这是求仁的途径。无分别的思路就会迷入兼爱的泥潭，以至于走向无父的极端，就是对道义的贼害。你把《西铭》和墨家相提并论，不对啊！

【时析】

二程的得意门生杨时曾怀疑理学家张载《西铭》篇中提出的"民胞物与"命题义近墨子"兼爱"主张，有涉无君父之嫌，当即得到程颐的纠正。他不厌其烦地为杨时释疑解惑，提出"理一分殊"来诠释《西铭》，并判定儒墨之别。

程颐指出《西铭》的"民胞物与"是"理一而分殊",并判定墨家是"二本而无分"。所谓"理一"是指"老幼及人"之"仁",此"仁"人人固有,具有普遍性。而就"仁"的具体实践历程而言,则有差等之序。故儒家之"仁",既能安立伦理分位上的差异性,更能统贯伦理秩序的整体性,是以能"分立而推理一"。如此一来,儒家的"理一分殊",既能避免杨朱的分殊之弊:私胜而失仁;也能针砭墨家的无分之罪:兼爱而无义。因为,在伊川看来,杨朱强调"为我",却罔顾道德伦理意涵上的普遍性以及实践上的整体性,"为我"遂沦为一己之私,而墨家力倡"兼爱",却由"爱人若爱其身"的"二本"着眼。如是,"爱无差等"泯除伦理分位上的亲疏差异性,也抽离了人性的真实性,故"兼爱"所欲宣称的普遍性与整体性也将全然蹈空。也就是说,杨、墨皆无法证立道德伦理的人文世界。

墨子之心原偏于恻隐,遂指其偏于恻隐者谓之无父,可乎?但彼不明其德,无晰义之功,见此物亦引爱而出,见彼物亦引爱而出,久之相习,即成一兼爱之性,其弊至视父母如路人,则恶矣;然亦习之至此,非其孩提即如此也。(《颜元集·存性编》)

【今译】

墨子的心原本是偏向于恻隐的,如果因此就指责他偏于恻隐之心就是无父,这能行吗?但是,墨子不明其德性的来源,也没有分析义理的功夫,于是,看见这个事物发出他的爱来,看见那个事物发出他的爱来,久而久之,相互习染,就养成了一种兼爱的性格,其流弊以至于把父母看得和路上的陌生人一样,这样就很坏了。然而,这是长期习染达到这个地步,绝不是他从孩子时就是这样的啊。

【时析】

颜元不像孟子和宋儒那样对墨子"兼爱"抱着强烈的反感和激烈的批判态度,而是相对客观一些。他认为从儒家人性善上说,墨子本性也是善的,偏于恻隐。但是,由于墨子对天道性命的理解肤浅,又缺乏深刻的义理功夫,只是一种本能的对任何人、任何事物发出其爱,这样久而久之就形成了"兼爱”的性格，出现了把父母视作路人的情况。在这个意义说，孟子大概批评墨家无父。显然，颜元仍然不失儒家立场，但对墨家评价就比较客观。其实，墨家原本就是从儒家分化而来，二者有很多相同之处，后来儒家的大同思想中仍然可以看到墨家的影子。

盖以乾为父，以坤为母，有生之类，无物不然，所谓理一也。而人物之生，血脉之属，各亲其亲，各子其子，则其分亦安得而不殊哉！一统而万殊，则虽天下一家，中国一人，而不流于兼爱之弊；万殊而一贯，则虽亲疏异情，贵贱异等，而不牿①于为我之私。此西铭之大指也。（《张载集·附录·朱熹西铭论》）

【注释】

①牿（gù）：束缚。

【今译】

以乾卦象征父亲，以坤卦象征母亲，凡是有生命的物类，没有不是这样阴阳和合而生成的，这就是所谓的“理一”的意思。而另一方面，人与动物作为生命体，是有血脉联系的，各自亲爱与自己血脉亲近的，各自爱护自己的孩子，这样，他们的分别怎么不殊异呢？天地间自有一理（太极）统率万事万物之理。这样，虽然天下一家，中国一人，因为有分殊之理，所以还有亲亲尊尊，不会流于不分亲疏远近的兼爱之弊。分殊之理虽多，都统归于一理（太极）。这样，虽然有亲疏情分的分别，有贵贱等级的差异，而不会被个人的私情限制住仁爱的扩展。这就是张载《西铭》的主旨。

【时析】

这是朱熹对张载《西铭》的主旨的简洁明了的解释，他在二程基础上进一步从人与万物“理同而气异”的形上学论述，深化“理一分殊”的伦理学意涵，使儒家的道德伦理深植于存有论的基础上，并批判“言理一而不言分殊，则为墨氏兼爱；言分殊而不言理一，则为杨氏为我。”也就是说，只有儒家才能扣其两端：一统而万殊，万殊而一贯，所谓“言分殊，而见理一底自在那；言理一，而分殊底亦在，不相夹杂。”（孙诒让：《墨子问诂》）

陈敬之①说“孝弟为仁之本”一章，三四日不分明。先生只令子细看，全未与说。数日后，方作一图示之：中写“仁”字，外一重写“孝弟”字，又外一重写“仁民爱物”字。谓行此仁道，先自孝弟始，亲亲长长，而后次第推去，非若兼爱之无分别也。（《朱子语类·论语·学而》）

【注释】

①陈敬之：朱熹弟子。

【今译】

陈敬之论说《论语》“孝弟为仁之本”一章时，三四天了都说不清楚。先生只是让仔细看书，完全没有给他说什么。几天以后，才做了一个图表示：（这个图）中间写了一个“仁”字，向外一层写了“孝弟”两个字，再往外一层写了“仁民爱物”四个字。解释说行这个仁道，应该先从孝敬父母、尊敬兄长开始，以亲亲长长的顺序，然后一步一步地推展开去，而不是像墨家讲兼爱没有亲疏远近的分别那样。

【时析】

这是朱熹通过儒家经典《论语》的讲论，深入探讨儒家的仁爱思想。他先是以形象的图示法让学生直观地认识到“仁”是核心，以次向外，有“孝悌”“仁民爱物”等等，然后又对这个图进行了解说，阐释儒家仁爱的次序是从孝悌始，以亲亲长长的顺序逐步推展开去，最后特别强调这与墨家讲“兼爱”没有亲疏远近的分别有本质性差异。

问：“泛爱众。”曰：“人自是当爱人，无憎嫌人底道理。”又问：“人之贤不肖，自家心中自须有个辨别。但交接之际，不可不泛爱尔。”曰：“他下面便说‘而亲仁’了。

仁者自当亲，其它自当泛爱。盖仁是个生底物事。既是生底物，便具生之理，生之理发出便是爱。才是交接之际，便须自有个恭敬，自有个意思，如何漠然无情，不相亲属得！圣人说出话，两头都平。若只说泛爱，又流于兼爱矣。”（《朱子语类·论语·学而》）

【今译】

朱熹的学生问怎么理解“泛爱众”。朱熹回答说：“人自然应当是爱人，没有憎恨别人嫌弃别人的道理。”学生又问：“人是贤能还是不肖，自己心目中对自我的道德定位必须有个辨别。但是，人与人在交往过程中，不可不讲泛爱众啊。”朱熹说：“你下面就会说‘而亲仁’了。仁爱的人自然应当亲爱自己的亲人，对其他人与万物自然应当广泛地爱。因为仁是由生命当中产生出来的。既然是属于生命的特征，便会具有生命的道理，生命的道理发出的便是爱。人们在刚刚开始要交往之际，就必须自己有个对别人的恭敬，自己对别人有个亲近的态度，怎么能够漠然无情，因为没有血缘关系就没有亲近感呢？圣人说出来的话，（因为走中道，）所以，两边也都平衡了。如果只是说广泛地爱众人，（不讲等差，）又会与墨家兼爱没有多大区别了。”

【时析】

朱熹向学生仔细讲解儒家的“泛爱众”，认为它是仁爱的一种特殊表达，“仁者自当亲，其它自当泛爱”，也就是说，儒家的泛爱是仁爱从血亲之爱推展开来的，因此不能不说孝悌就笼统含糊地说泛爱，那样就会流于墨家的兼爱。怎么区分儒家的仁爱（泛爱）与墨家的兼爱？仁爱的本质是亲情之爱，孝是其立足点与出发点。亲子之情是最原始最典型的人类之爱，正是立足于此，从这种最具普遍意义的情感体验出发，才使得仁爱建立在最真实可靠的感性基础上。与之相比较，墨子兼爱思想提倡“天下之人皆相爱”，主张“爱无差等”，是对亲情的漠视和超越，缺乏一个自然真实可靠的情感体验作为基础，违背了人之常情，从而更直接地与传统社会的阶级结构与宗法观念相抵牾，其后儒昌而墨亡，其根本原因大概就在这里。仁爱的延展即所谓“近取譬”而“推己及人”。“推己及人”是一种亲情体验与亲情延展，即基于自己的亲情感受去体会推度他人的亲情感受，通过换位思考，感同身受，达到亲情的超越与拓展，实现由爱亲到爱人、爱世，直至到爱物的过渡。这样就合情合理地拓展深化了仁爱的内涵，提高了仁爱的普适度，完成了它向理想境界的提升，成为具有普遍意义的人类之爱。在这个意义上，才可以说泛爱。

问：“爱有差等，此所谓一本，盖亲亲、仁民、爱物具有本末也。所谓‘二本’是如何？”曰：“‘爱无差等’，何止二本？盖千万本也。”退与彦忠论此。彦忠云：“爱吾亲，又兼爱他人之亲，是二爱并立，故曰‘二本’”。（《朱子语类·孟子·滕文公上》）

【今译】

有个学生问：“爱有差等，就是所谓的‘一本’，由亲亲而仁民、仁民而爱物推展开来，是有本有末的。所谓‘二本’又是怎么回事呢？”朱熹回答说：“‘爱无差等’这个说法，岂止只说了‘二本’？可以说是‘千万本’啊！”这个学生下来与彦忠谈到这个问题，彦忠说：“爱我的亲人，同时又兼爱别人的亲人，就是二个爱并立，所以说是‘二本’。”

【时析】

这是朱熹与学生就《孟子·滕文公上》墨家学者夷子与孟子的辩论。夷子提出墨家的主张“爱无差等，施由亲始”。孟子主张“爱有差等”，认为人本来爱他自己的父母胜于他爱别人的父母，爱他自己的子女胜于爱别人的子女。如果“爱无差等”，那就要爱别人等于爱其亲，或爱其亲等于爱别人。这种办法，可以是将爱别人的爱加多，也可以是将爱其亲的爱减少。无论如何，一个人爱别人与爱其亲中间的差别是没有了。如此，则不足以见其父之为其父。夷子既讲“爱无差等”，又讲“施由亲始”，就是“二本”，即理论根据互相矛盾。朱熹在这里说“‘爱无差等’，何止二本？盖千万本也”，这就在孟子的基础上对这个问题有更进一步的深化。

战道：不违时，不历民病，所以爱吾民也。不加丧，不因凶，所以爱夫其民也；冬夏不兴师，所以兼爱民也。故国虽大，好战必亡；天下虽安，忘战必危。（《司马法·仁本》）

【今译】

用兵打仗的准则，包括不耽误农时，不在疫病流行时出兵，以爱护本国的民众；不趁敌国料理丧事，或者遭受灾荒，以爱护敌国的民众；不在冬夏两季打仗，以兼爱双方的民众。所以，尽管国家强大，一味穷兵黩武，终将遭到灭亡；虽然天下太平，忘掉战争准备，必定遭到危险。

育鸟图

【时析】

强调发动战争并不是穷兵黩武，草菅人命，而是应以保护人民的利益为前提条件，如发动战争要不违农时等。这里说的“冬夏不兴师，所以兼爱民”是因为严寒与酷暑对于人的健康不利，也就是说不利战争，为的是既照顾本国人民的利益，也照顾敌国人民的利益。但这里的“兼爱”并不是墨家的“兼爱”，而是就一般意义上兼顾爱护的意思。经过如此，这在当时仍然具有重要的进步意义。

仁者，爱也；致利除害，兼爱无私，谓之仁。（《长短经》卷七《定名》）

【今译】

所谓仁，就是爱；让人们得到利益，帮别人除去祸害，兼爱而且没有私欲就是仁。

【时析】

这是对“仁者爱人”的界定，试图把儒家的“仁爱”与墨家的“兼爱”结合起来，让人们除去私欲。

慈爱善仁

是以圣人处无为之事，行不言之教。万物作而不辞，生而不有，为而不恃，成功不居。夫唯不居，是以不去。（《老子》第二章）

【今译】

因此圣人用无为的观点对待世事，用不言的方式施行教化：听任万物自然兴起而不为其创始，生养了万物而不据为己有，对万物有所施为而不自恃有恩，功成业就而不自居有功。正由于不居功，就无所谓失去。

【时析】

这里的圣人是老子心目中的圣人，是得道之圣人，即以自然无为、慈爱万物为基调的圣人，是没有欲望和偏私的圣人，这与孔子的圣人含义不同，孔子心目中的圣人是社会（伦理）道德意义上的圣人，超凡入圣，即凡而圣，人格达到了与天道合一的境界。

天地不仁，以万物为刍狗[①]；圣人不仁，以百姓为刍狗。（《老子》第五章）

【注释】

①刍(chú)狗：古人用谷草扎成的用以祭祀天地神灵的狗，以代替活的狗作为祭品。刍狗虽结草而成，但祭祀的人却视其有魂灵而装饰打扮并侍奉它们，以求福于天地神灵。

【今译】

天地对万物无私爱，对待万物像对待祭祀用的刍狗一样；圣人对百姓无私爱，对待老百姓也像对待刍狗一样。

【时析】

老子对儒家的仁、义、礼、智提出了批评，但他并不反对仁，他所提倡的是无私爱的“天地之仁”和道家的“圣人之仁”。“天地不仁，以万物为刍狗；圣人不仁，以百姓为刍狗。”上面两个“不仁”中的“仁”是指儒家人为的私爱，“天地不仁”指天地对万物无私爱，“圣人不仁”指圣人对百姓无私爱。圣人以百姓为刍狗，实质上是指视百姓若神灵，从而敬重他们，保护他们，服务于他们。所以，这两句话的意思就是说：天地之仁是无偏私地慈爱宇宙中的万物，圣人之仁是无偏私地慈爱所有的百姓。需要指出的是，道家虽然批评儒家仁义观，不等于否定一般的伦理学，相反，道家是要求人们“善于仁爱”，以避免动机好而结果不善的道德异化。

上善若水。水善利万物而不争，处众人之所恶，故几①于道。居善地，心善渊②，与③善仁，言善信，正④善治，事善能，动善时。夫唯不争，故无尤⑤。（《老子》第八章）

【注释】

①几：近。②渊：深沉。③与：相与，交友。④正：同“政”。⑤尤：过失。

【今译】

最高的善德像水那样。水善于使万物获益而不与万物相争，它安处众人所不喜欢的卑下之地，所以接近于道。处世善于安居卑下，心地善于保持深沉，交友能相亲相爱，说话善于恪守信用，为政善于治理，办事善于发挥才能，行为善于待机而动。正因为他像水那样与万物无争，所以才没有烦恼。

【时析】

老子十分崇尚水德，这句话是老子用水来比喻有高尚品德的人。认为他们的品格像水那样，一是柔，二是停留在卑下的地方，三是滋润万物而不与人争。最完善的人格也应该具有这种心态与行为，不但做有利于众人的事情而不与人争，而且还愿意去众人不愿去的卑下的地方，愿意做别人不愿做的事情。他可以忍辱负重，任劳任怨，能尽其所能地贡献自己的力量去帮助别人，而不会与别人争功争名争利，这就接近于道的无私无欲的本性。

我有三宝，持而保之：一曰慈，二曰俭[1]，三曰不敢为天下先。慈，故能勇；俭，故能广[2]；不敢为天下先，故能成器长[3]。今舍慈且[4]勇，舍俭且广，舍后且先，死矣！夫慈，以战则胜，以守则固。天将救之，以慈卫之。（《老子》第六十七章）

【注释】

①俭：啬，保守，有而不尽用。②广：大方。③器：指万物。长：君长，首领。④且：取。

【今译】

我有三件法宝执守而且保全它：第一件叫做慈爱，第二件叫做俭啬，第三件是不敢居于天下人的前面。慈爱，所以能勇武；俭啬，所以能大方；不敢居于天下人之先，所以能成为万物的首长。现在丢弃了慈爱而追求勇武；丢弃了啬俭而追求大方；舍弃退让而求争先，结果是走向死亡。慈爱，用来征战就能够胜利，用来守卫就能巩固。天要援助谁，就用慈爱来护卫他。

【时析】

老子说，“道”的原则有三条（即“三宝”），这就是：“慈”，即爱心加上同情感；“俭”，即含藏培蓄，不奢侈，不肆为；“不敢为天下先”，是“谦让”“不争”的思想。有“道”的人运用这三条原则，能取得非常好的效果，否则，便会自取灭亡。“慈”包含有柔和、爱惜之意。第四十章讲“弱者道之用”，第四十三章讲“天下之至柔，驰骋天下之至坚”，第四十五章讲“清静为天下正”，第五十二章讲“守柔曰强”，第五十五章的“和”、第六十一章的“牝常以静胜牡”等内容，都可以包括在“慈”的范围之内。

天下之至柔，驰骋[1]天下之至坚。无有入无间[2]，吾是以知无为之有益。不言之教，无为之益，天下希[3]及之。（《老子》第四十三章）

【注释】

①驰骋：形容马奔跑的样子，这里指自由往来。②无有：指不见形象的东西。无间：没有空隙。③希：一本作“稀”，稀少。

【今译】

天下最柔弱的东西，自由往来穿行于最坚硬的东西中。没有形体的东西可以穿透没有间隙的物体。我因此认识到无为的自有其益处。不言的教导，无为的益处，普天下少有能赶得上它们的了。

小庭婴戏图

【时析】

“贵柔”是《道德经》的基本观念之一，除本章外，其他一些章节里也多所论及。老子深刻地领悟了“道”的本质，指出了以柔弱为核心的“道”的作用或功能。“柔弱”是“道”的基本表现和作用，是万物具有生命力的表现，也是真正有力量的象征。如果我们深入一个层次去考虑问题，就会发现老子要突出的是事物转化的必然性。他并非一味要人“守柔”“不争”，而是认为柔弱可以战胜刚强的，这是深刻的辩证法的智慧。发现了柔弱方面的积极意义是老子对中国哲学思想的重大贡献。

静胜躁，寒胜热，清静为天下正[①]。（《老子》第四十五章）

【注释】

①正：君，官长。

【今译】

清静能够胜过扰动，寒冷能够克服暑热，清静无为可以为天下的统治者。

【时析】

老子通过自然界宁静能够胜过扰动，寒冷能够克服暑热的现象，揭示出“道”的清静的特征，希望统治者能够清静无为治理天下。

人之生也柔弱①，其死也坚强②。草木之生也柔脆③，其死也枯槁④。故坚强者死之徒⑤，柔弱者生之徒⑥。是以兵强则灭，木强则折⑦。强大处下，柔弱处上。（《老子》第七十六章）

【注释】

①柔弱：指人活着的时候身体是柔软的。②坚强：指人死了以后身体就变成僵硬的了。③柔脆：指草木形质的柔软脆弱。④枯槁：用以形容草木的干枯。⑤死之徒：属于死亡的一类。徒，类。⑥生之徒：属于生存的一类。⑦兵强则灭，木强则折：一本作“兵强则不胜，木强则兵”。

【今译】

人活着的时候身体是柔软的，死了以后身体就变得僵硬。草木生长时是柔软脆弱的，死了以后就变得干硬枯槁了。所以坚强的东西属于死亡的一类，柔弱的东西属于生长的一类。因此，用兵逞强就会遭到灭亡，树木强大了就会遭到砍伐摧折。强大的总是处于下位，柔弱的反而居于上位。

【时析】

老子通过生动形象的比喻说明柔弱胜刚强的道理。无论人体还是草木，坚强了反而会走向死亡，只有柔弱才真正具有生命力。自然界和人类当中确实存在这样的现象，初生的婴儿，虽说柔弱，但他是最富有生命力的；初生树木花草，虽说幼嫩，但它们的生命力是最旺盛的。这种直观的、经验的认识，可以说是老子处弱、贵柔思想的认识论之根源。当然，说到人类情况就比较复杂了，在现实的各种力量冲突中，柔弱的力量是很难与强大的力量直接进行较量的，要做到柔弱胜刚强，就必须研究斗争的策略，讲究斗争的方法，而不能与强大的力量直接硬拼的。

冉求问于仲尼曰："未有天地可知邪？"仲尼曰："可。古犹今也。"冉求失问①而退，明日复见，曰："昔者吾问'未有天地可知乎？'夫子曰：'可。古犹今也。'昔日吾昭然，今日吾昧②然，敢问何谓也？"仲尼曰："昔之昭然也，神者先受之③；今之昧然也，且又为不神者求邪！无古无今，无始无终。未有子孙而有子孙；可乎？"冉求未对。仲尼曰："已矣，末应矣！不以生生死，不以死死生。死生有待④邪？皆有所一体⑤。有先天地生者物邪？物物者非物，物出不得先物也，犹其有物也。犹其有⑥物也，无已！圣人之爱人也终无已者，亦乃取于是⑦者也。"（《庄子·知北游》）

【注释】

①失问：感到问错了。②昧：糊涂。③神者先受之：心神首先领会。④待：对立。⑤一体：一致，共性。⑥有：为，变为。⑦取于是：是，指大道。"取于是"指效法大道，泛爱众物。

【今译】

冉求向孔子请教："天地产生以前的情况可以知道吗？"孔子说："可以，古时候就像今天一样。"冉求没有得到满意的回答便退出屋来，第二天再次见到孔子，说："昨天我问'天地产生以前的情况可以知道吗？'先生回答说：'可以，古时候就像今天一样。'昨天我心里还很明白，今天就糊涂了，请问先生说的是什么意思呢？"孔子说："昨天你心里明白，是因为心神先有所领悟；今天你糊涂了，是因为又拘滞于具体形象而有所疑问吧？没有古就没有今，没有开始就没有终结。不曾有子孙而存在子孙，可以吗？"冉求不能回答。孔子说："算了，不必再回答了！不会为了生而使死者复生，不会为了死而使生者死去。人的死和生相互有所依赖吗？其实全存在于一个整体。有先于天地而产生的事物吗？使万物成为具有形体事物的并不是具有形体的事物。万物的产生不可能先行出现具有形体的事物，而是气的聚合而产生万物。由气的聚合形成万物之后，这才连续不断繁衍生息。圣人对于人的慈爱始终没有完结，也就是取法于大道泛爱众物。”

【时析】

这是庄子借孔子与其弟子冉求的对话来表达他对古今、始终、生死诸辩证关系的观点，试图从时间的维度上把万物（天地）与非物（先天地）联结起来，“物物者非物”，是指道产生万物，它既在物之中，也在物之先。并进一步说明圣人对于人的慈爱始终没有完结，也就是取法于大道泛爱众物。在《齐物论》中，对天地之先“未知有无之果孰有孰无也”的犹疑，《知北游》给予明确的说法，即有“无”。“无”意味着它不同于物，但它能够产生万物，拥有对物的力量，这就是道。

圣人之爱人也，人与之名，不告则不知其爱人也。若知之，若不知之，若闻之，若不闻之，其爱人也终无已，人之安之亦无已，性也。（《庄子·则阳》）

【今译】

圣人对众人的仁爱，是因为人们给他命名为圣人，如果人们不这样称誉他，圣人也不知道自己怜爱他人。好像知道，又好像不知道，好像听见了，又好像没有听见，他给予人们的爱就不会有所终止，人们安于这样的慈爱也不会有所终止，这就是出于自然的本性。

【时析】

这是道家所讲的圣人对于人们的慈爱，是一种与道合一，以天为宗，没有忧心智谋，若有若无，若存若亡，一切出于自然的本性的境界。所以，圣人之所以被尊称为圣人，是因为他仿效自然规律，顺从命运安排，认识到本质与天性之不可更改，所以能够返归本性，以道化人，奉行无为主义。相反，那些有为之士往往挖空心思，日拼夜搏，到头总是一场空，几乎没有个完结。

远举贤人，慈爱百姓，外存亡国，继绝世，起诸孤，薄税敛，轻刑罚，此为国之大礼也。（《管子·中匡》）

【今译】

举用贤人，慈爱百姓，保存灭亡了的诸侯国，接续断绝了的世家，起用为国牺牲者的子孙，薄征赋税，减轻刑罚，这些都是治理国家的重要礼乐制度。

【时析】

这是管子回答齐桓公请教时提出的为国方略，包含的内容很广泛，核心是德政礼治。慈爱百姓为其中重要的内容之一，对后代的政治文明有重要的影响，如汉文帝实行的一系列政策措施，就是效法管子的，造就了著名的“文景之治”。

宋崇门之巷人服丧而毁①，甚瘠②，上以为慈爱于亲，举以为官师。明年，人之所以毁死者岁十余人。子之服亲丧者，为爱之也，而尚可以赏劝也，况君上之于民乎？（《韩非子·内储说上》）

【注释】

①巷人：里巷平民。毁：旧指居丧时因悲哀过度而损害健康。②瘠（jí）：身体瘦弱。

【今译】

宋国都城门的居民中有一个人，由于服丧悲哀过度而消瘦，国君认为是对亲人慈爱的典范，举荐为官师。第二年，很多人效仿，因此导致守丧过分哀痛而死掉的一年之中就有十多人。儿子为父母守丧，是因为爱父母，这种事尚且可以用奖赏来鼓励，何况做君主的使用臣民呢？

【时析】

这里通过一个似乎比较极端的例子，表达了儿女对父母孝敬慈爱的感情，在今天看来有点不近人情，但在那个时代，这些行为成为国君奖赏来鼓励的对象，有着明确的政治目的和显著的社会效应。

简公在上位，罚重而诛严，厚赋敛而杀戮民。田成恒设慈爱，明宽厚。简公以齐民为渴马，不以恩加民，而田成恒以仁厚为圃池也。（《韩非子·外储说右下》）

【今译】

齐简公处在君位上，对臣子的惩罚很重，诛杀严厉，又加重赋敛，杀戮民众。而田成子却对民众表示慈爱，显示宽厚。这就是说，齐简公把齐国民众当做需要饮水的马，不加施恩惠，而田成子恰好把仁慈宽厚作为草圃水池来争取他们。

【时析】

这是韩非子讲的一个故事，通过齐简公与田成子治理国家时对待民众不同的态度和方法，表明君主对待民众应该仁慈宽厚。这并不是说韩非子向儒家一样在讲德治，这里他的意思是以仁慈宽厚作为争取民众的手段而已。为了更好地理解这个故事的蕴涵，再把《韩非子·外储说右下》接着这篇之下的另一故事介绍如下：造父作为齐王副车的车夫，用控制饮水的方法训马，一百天后把马训成了。训成后，请求驾车给齐王看，齐王说："在草圃中驾车给我看。"造父把车赶入草圃，马看见圃中水池就跑了过去，造父不能阻止。造父用控制饮水的方法训马已有很长时间了，现在马一看见水池，就凶悍地跑去，即使造父也控制不住。现在齐简公用法令禁锢百姓很久了，而田成子却给百姓好处，这好比田成子倾倒出圃池里的水给陷于饥渴的百姓喝。

曾子曰："若夫慈爱、恭敬、安亲、扬名，则闻命矣！敢问：子从之令，可谓孝乎？"子曰："是何言与！是何言与！"（《孝经·谏诤章》）

【今译】

曾子问说："从前讲的那些慈爱、恭敬、安亲、扬名的教训，我都听懂了。还有一桩事，我是不大明白的，因此大胆地问：为人子的做到不违背父亲的命令，一切听从父亲的命令，是不是可以算为孝子呢？"孔子听了曾子的这一问题，就惊叹地说道："这是什么话呢？这是什么话呢？"

【时析】

因孔子讲过各种孝道，就是没有讲到父亲有过应该怎样办，所以曾子就有此问，孔子的意思在下面做了详细解释：父亲的命令不但不能随便听从，而且还要斟酌其命令，是否可行；如果不对，孝子还要谏诤，特别发挥谏诤之重要性，所以孝并不是愚孝。

政有三端：父子不亲，则致其爱慈；大臣不和，则敬顺其礼；百姓不安，则力其孝弟。孝弟者，所以安百姓也。力者，勉行之，身以化之。（《春秋繁露·为人者天》）

【今译】

为政有三件重要的事情：如果在家庭中父子之间不亲近，就应该使他们亲爱仁慈；在朝廷上大臣之间不和睦，就应该通过礼仪使他们恭敬和顺；在社会上老百姓不安定，就应该使力行孝悌之道。孝悌之道，是所用来安稳老百姓的。力行，就是要努力实行，以身作则，化民成俗。

【时析】

董仲舒告诉执政者为政之道的三件重要事情，分别是在家庭的父子爱慈、在朝廷的君臣和睦、在社会上的力行孝悌，这样就涵盖了国家政治生活的三个主要方面。这些建议今天仍然不失其现实意义，值得我们的当政者参考。

夫民有血气心知[①]之性，而无哀乐喜怒之常，应感起物而动，然后心术[②]形焉。是故志微、噍杀[③]之音作，而民思

忧；啴谐、慢易、繁文、简节[④]之音作，而民康乐；粗厉、猛起、奋末、广贲[⑤]之音作，而民刚毅；廉直、劲正、庄诚之音作，而民肃敬；宽裕、肉好[⑥]、顺成、和动之音作，而民慈爱；流辟、邪散、狄成、涤滥[⑦]之音作，而民淫乱。（《礼记·乐记》）

【注释】

①血气：指性格、气质。知：同“智”。②心术：指喜怒哀乐等情感。③瞧杀：急促。④啴(chǎn)谐：和谐。慢易：缓慢轻松。繁文：文采华美。简节：节奏宽简。⑤奋末：音乐终结时声音疾速。广贲(fèn)：洪亮激昂。⑥肉好：乐音洪润悦耳。⑦流辟：流于邪辟。狄成：曲调太长。涤滥：涤荡放滥。

【今译】

虽然人人都有性格、气质、心智这些本性，但哀、乐、喜、怒等情感变化并没有规律。人心受到外物的刺激而产生反应，然后才表现为一定的情感。因此，细微、急速的音乐出现时，表现了人们心中的忧虑；和谐舒展、轻松和缓、音色华美、节奏宽简的音乐出现时，表现了人心安详乐观；粗犷激越、豪迈奔放、昂扬振奋、宏大愤激的音乐出现时，表现人们的刚毅之情；清明正直、刚正有力、庄重真诚的音乐出现时，表现了人们心中的肃然之情；宽畅从容、圆润洪亮、流利活泼、平和顺畅的音乐出现时，表现了人们心中的慈爱之情；放荡、散乱、轻佻、淫秽的音乐出现时，表现了人们心中的淫乱之情。

【时析】

音乐既然是表现情感的，那么就能从音乐的音色、节奏、调性、旋律的变化中体察到人们的内心情感的变化。这里所列举的几类情绪以及表达它们的音乐特点，恰好说明了这个问题。人们内心情感的产生，离不开对生活的感受和体验。离开了生活，情感就成了无源之水，无本之木。毛泽东说过，“世界上没有无缘无故的爱，也没有无缘无故的恨。”喜怒哀乐，一定有其产生的基础。从音乐当中的确可以体察到世事人心人情的变化，了解到民心民意，从而为统治者的决策提供依据。但是，如果过分夸大音乐的治世功能，认为能够拯世救民，大概也是不现实的。

明君必宽裕以容其民，慈爱优柔之，而民自得矣。（《孔子家语·入官》）

【今译】

贤明的君主必定要以宽松宏远的政策来容纳自己的老百姓，以慈爱宽和的态度对待他们，从而使老百姓自得其乐。

【时析】

这是借孔子之口对为政者说的一番话，主要是要求对老百姓慈爱宽和，让他们能够自得其乐，这显然是对儒家德治仁政思想的发挥。

夫慈爱仁义者，近狭之道也。狭者入大而迷，近者行远而惑。圣人之道，入大不迷，行远不惑，常虚自守，可以为极，是谓天德。（《文子·自然》）

【今译】

所谓慈爱仁义，是比较浅近狭隘的道理。狭隘的人进入广大的地方就会迷惑，浅近的人走到高远的境界就会困惑。只有圣人奉行的大道，进入广大的地方不会迷惑，走到高远的境界不会困惑，常常清静虚无，自我守持，就可以达到最高的境界，这就是天德。

【时析】

像老子批评孔子一样，文子对儒家的慈爱仁义很看不上眼，认为是浅近狭隘的道理。而他心目中的理想圣人"入大不迷，行远不惑，常虚自守，可以为极"，其境界很高，能够得道，故称为天德。德者得也，得道也。实际上儒家的慈爱仁义虽然是以人为本的，但是并没有与天隔绝，其最高境界也是上达天道的，如孔子的下学上达，孟子的尽心、知性、知天。这里可以看出儒道的批评有时是在相互误解的情况下进行的。

请问为人君？曰：以礼分施，均遍而不偏。请问为人

臣？曰：以礼侍君，忠顺而不懈。请问为人父？曰：宽惠[1]而有礼。请问为人子？曰：敬爱而致文。请问为人兄？曰：慈爱而见友[2]。请问为人弟？曰：敬诎而不苟[3]。请问为人夫？曰：致功[4]而不流，致临而有辨。请问为人妻？曰：夫有礼则柔从听侍，夫无礼则恐惧而自竦[5]也。（《荀子·君道篇》）

【注释】

①惠：仁爱。②见：出现、显露。友：互助合作。③敬诎：恭敬顺从。苟：随便。④功：成效。⑤竦（sǒng）：通"悚"，劝诫。

【今译】

请问怎样成为一个民众的君长？回答是：以礼来分别施行，平均普遍而不偏。请问怎样成为一个臣子？回答是：以礼来对待君主，忠实顺从而不懈怠。请问怎样做一个父亲？回答是：宽容仁爱而有一定的礼仪规范。请问怎样做一个儿子？回答是：恭敬亲爱而且致力于礼文。请问怎样做一个兄长？回答是：仁慈亲爱而且表现出互助合作。请问怎样做一个弟弟？回答是：恭敬顺从而不随便。请问怎样做一个丈夫？回答是：致力于成效而不漂流放任，致力于亲近而有辨别。请问怎样做一个妻子？回答是：丈夫有礼那么就柔顺听从并侍奉，丈夫没有礼那么就恐惧而自行劝诫。

【时析】

在中国古代，人们把礼仪看做是齐家、治国平天下的前提和基础，荀子也非常重视以礼仪规范建立良好的家庭秩序、社会秩序，并以此作为治理国家的基础。荀子指出，"礼"的标准普适于全体社会成员，但由于社会成员各自拥有不同的社会身份、地位，在血缘关系和政治关系中承担着不同的角色，故而"礼"对每个人、对每一种社会角色又有着不同的具体规定，"忠顺""宽惠""孝悌""诚信""柔从"等基本道德准则是分别针对着不同社会角色的"礼"的要求。由于历史局限所致，在某些内容方面，譬如在夫妻关系方面，现在看来，确有不当之处。今天我们应该酌情损益，以制定适应我们现代社会礼仪规范，构建和谐社会。

德行教训加于诸侯，慈爱利泽加于百姓，故海内归之若流水。（《晏子春秋·内篇·问上》）

【今译】

如果天子的德行教化能够施加到诸侯身上，仁慈、爱护、利益、恩泽施加到百姓身上，四海之内就会归附像流水会聚到大川一样。

【时析】

作为天子都希望天下的人归附自己，怎么达到这理想的目标？除了施行德治仁政之外别无他途。孔子后来说“天下归仁焉”（《论语·颜渊》）也是这个意思。

厚爱化人

厚爱利足以亲之，明智礼足以教之，上身服以先[①]之，审度量以闲之[②]，乡置师以说道之[③]。然后申之以宪令，劝[④]之以庆赏，振[⑤]之以刑罚。故百姓皆说为善，则暴乱之行无由至矣。（《管子·权修》）

【注释】

①先：先导；表率。②度量：长短、多少的标准，引申为法规、制度。闲：木栏只类的遮拦物，引申为防范、控制。③师：乡师，乡的长官。道：同“导”。说道：教导。④劝：鼓励。⑤振：通“震”，震慑。

【今译】

君主如果能够付出厚爱和厚利，就完全可以亲近人民；申明知识和礼义，就完全可以教育人民。要以身作则来引导人民，审定规章制度来防范人民，设置乡的官吏来教导人民。然后再用法令加以约束，用奖赏加以鼓励，用刑罚加以威慑。因此，百姓就都愿意做好事，暴乱的行为便不会发生了。

【时析】

这里把“爱”“利”“教”“宪令”“庆赏”“刑罚”融合在一起，体现了教育与惩罚相结合，恩德与威慑相补充，二者相得益彰，相辅相成，集中表现了德教与法治并举的观点。显然，在管子思想里，礼与法是兼容并蓄的，礼中有法的约束力，法中亦有礼的内涵。以管子为代表的齐法家有秦晋法家不同的就是虽然都讲法治，但齐法家相对比较开明，对儒家思想有一定的吸收。本条语录就是例子。

君上之于民也，有难则用其死，安平则尽其力。亲以

厚爱关子于安利而不听，君以无爱利求民之死力而令行。明主知之，故不养恩爱之心而增威严之势。故母厚爱处，子多败，推爱也；父薄爱教笞，子多善，用严也。（《韩非子·六反》）

【今译】

君主对于民众,危难时就要他们拼死作战,安定时就要他们尽力耕作。父母怀着深厚的爱,把子女安排在安全有利的环境中而子女却不听从;君主在不用爱与利的条件下要求民众为自己出死力的命令却行得通。英明的君主懂得这些,所以不培养恩爱的心肠而加强威严的权势。所以,母亲用厚爱对待子女,而子女多不成器,这是施行爱所带来的后果;父母不用溺爱而用竹板教育子女,而子女多成为好人,这是严加管教所带来的好处。

【时析】

韩非子认为既然人性是自私的，就无法指望人自觉为善，而只能设法令人不得为非。他以家庭教育为例，说明只有严格教育，对儿童施加惩罚和威吓,才能使之成才:“母厚爱处,子多败,推爱也;父薄爱教笞,子多善,用严也”。因此,韩非子在教育上重法治而轻德治,推崇惩罚主义的教育,也使其教育管理走上了歧途。至于在政治上，韩非子认为，君主不应该去培养什么仁爱之心,而应该想方设法增加自己的“威严之势”,要做到这一点就必须依赖“刑罚”。针对中国的核心家庭对独生子女多是溺爱问题,韩非子的严格教育还是应该学习的,但是也不能因此否定家庭的亲情之爱;针对政治上的法治建设,严格执法是必须的,但是加强所谓的“威严之势”,仅仅依赖“刑罚”也显然是不行的。

人之情性，莫先[①]于父母，皆见[②]爱而未必治也，虽厚爱矣，奚遽[③]不乱？今先王之爱民，不过父母之爱子，子未必不乱也，则民奚遽治哉！且夫以法行刑而君为之流涕，此以效仁[④]，非以为治也。夫垂泣不欲刑者仁也，然而不可不刑者法也，先王胜其法不听其泣，则仁之不可以为治亦

明矣。（《韩非子·五蠹》）

【注释】

①先：超过的意思。②见：同“现”，表现。③奚：何故，为什么？遽（jù）：就。④效仁：表示仁爱。

【今译】

从人类本性上说，没有什么感情能超过父母疼爱子女的，然而大家都一样疼爱子女，家庭却未必就和睦。君主即使深爱臣民，何以见得天下就不会发生动乱呢？何况先王的爱民不会超过父母爱子女，子女不一定不背弃父母，那么民众哪能就靠仁爱治理得好呢？再说按照法令执行刑法，而君主为之流泪，这不过是用来表现仁爱罢了，却并非用来治理国家的。流泪而不想用刑，这是君主的仁爱；然而不得不用刑，这是国家的法令。先王首先要执行法令，并不会因为同情而废去刑法，那么不能用仁爱来治理国家的道理也就明白无疑了。

【时析】

韩非子从父母爱子女的感情方面入手，说明尽管大家都一样疼爱子女，家庭却未必就和睦。然后引申到君主治理国家不能依靠仁义，即明确地反对儒家的德治仁政，强调法令优先的治理原则，否定了仁义治国的思想。他对仁义道德价值完全否定，相反地，却把“力”的价值绝对化，从而陷入了“唯力主义”的歧途。他的思想虽然能为政治带来一时的成功，但也会使政治遭受彻底失败。秦国就是这方面最直接的例子。

古者尧治天下，南抚交阯北降幽都，东西至日所出入，莫不宾服。逮至其厚爱，黍稷不二，羹胾[①]不重，饭于土塯[②]，啜于土形[③]，斗以酌。俛仰周旋威仪之礼，圣王弗为。（《墨子·节用上》）

【注释】

①羹胾（gēngzì）：肉羹和大块肉。②土塯：盛饭的瓦器。③土形：作“土硎”，亦作“土

型”,古代一种盛汤羹的瓦器。

【今译】

古时尧帝治理天下,南面安抚到交址,北面降服到幽都,东面直到太阳出入的地方,没有谁敢不归服的。及至他最喜爱的(食物),饭食没有两种,肉食不会重复,用土瑠吃饭,用土铏喝汤,用木勺饮酒,对俯仰周旋等礼仪,圣王不去做。

泛爱众,而亲仁。(《论语·学而》)

【今译】

广泛地给大众以爱心,同时亲近有仁德的人。

【时析】

这里的“泛爱”一般解释成博爱,现今有人把“泛爱”理解成广泛地与许多异性发展情感关系,这显然是望文生义的歪曲。其实,“泛爱”并不是主张人与人之间没有亲疏远近,没有原则地“泛滥之爱”,而只是说人要有爱心,要广泛地爱大众,亲近有修养的志士仁人。

循三纲五纪[1],通八端之理,忠信而博爱,敦厚而好礼,乃可谓善。此圣人之善也。(《春秋繁露·深察名号》)

【注释】

①三纲五纪:《白虎通》:“三纲者,何谓也?谓君臣、父子、夫妇也。六纪者,谓诸父、兄弟、族人、诸舅、师长、朋友也。故君为臣纲,父为子纲,夫为妻纲。”②八端:孝、悌、忠、信、礼、义、廉、耻。

【今译】

如果能够遵循三纲五纪,通达八端的道理,忠信而且能够博爱他人,淳厚而且能够喜好礼仪,就可以称为善。这就是圣人的善啊。

【时析】

董仲舒的“爱人”思想遍及大众,具有博爱的性质,这条语录就明确提出了博爱的概念。另外,他对善的认识与孟子有很大不同,不是指人内在本心之善,而是指能够遵循社会伦理道德规范。他提出的善还是以圣人为最高的理想境界。对于“三纲”我们一般还仍然抱着批判的态度,但是,我们看到君臣、父子、夫妻作为人类最基本的三种社会关系今天还仍然存在,也许只要人类社会永远存在,我们就应该心平气和地历史地看这个问题。

天地之数，不能独以寒暑成岁，必有春夏秋冬；圣人之道，不能独以威势成政，必有教化。故曰：先之以博爱，教以仁也；难得者，君子不贵，教以义也；虽天子必有尊也，教以孝也；必有先也，教以弟也。此威势之不足独恃，而教化之功不大乎！（《春秋繁露·为人者天》）

【今译】

天地之道变化的规律,不能只有冬天和夏天组成一年,一定得有春夏秋冬四季才构成一年;圣人治国平天下的途径,不能只以权力和强势构成行政,一定得配合有教化。所以说:应该先对老百姓博施其爱,这是教给他们什么是仁爱;对于难得之货,君子不以为珍贵,这是教给他们什么是道义;即使是天子也一定有其父亲,应该通过自己的孝敬行为,教给老百姓行孝道;天子也一定有其兄长,应该通过自己的尊长行为,教给老百姓悌道。这表明不能够单纯凭借威势,而教化的功效不也很大吗?

【时析】

董仲舒在这里以“天人合一”的思路强调教化的重要性,教化的具体内容是仁、义、孝、悌,而他理解的仁就是博爱。这就是说,“博爱之谓仁”虽然是韩愈在唐代明确提出来的,实际上在西汉董仲舒就有了接近的观点。

先王见教之可以化民也，是故先之以博爱，而民莫遗其亲；陈之德义，而民兴行；先之以敬让，而民不争；导之以礼乐，而民和睦；示之以好恶，而民知禁。（《孝经·

三才》）

【今译】

先代圣王，见教化可以辅助政治，化民成俗，所以他们率先带头广泛地实行仁爱，从而影响到民众没有人遗弃自己的亲人；宣扬道德和仁义，以感化民众，民众就会兴起力行；对人对事，先实行敬谨和谦让，民众就会效法而不会发生争端；以礼乐诱导民众，民众就会相亲相敬，和睦相处；晓示民众，使知为善当有庆赏，作恶当受刑罚，民众就知道哪些事情不可以做而不敢违犯法纪。

秋庭婴戏图

【赏析】

《孝经》把孝道作为君主教化民众的准则，不但教化易于推行，而且对于政治也有绝大的帮助。这段话意在说明孝道如果有王者的率先倡导，以身作则，就会有前面说的“其教不肃而成，其政不严而治”的妙用。这是否是夸大了孝道的力量呢？这个或许可以讨论，但是古人云：“百善孝为先。”孝是诸德之基础，是道德规范的核心，许多善行都是以孝行为基础衍生出来的，不管古时还是现代，不管境内还是境外，孝德都是可以超越时代的社会制度而普遍受到肯定和赞誉的。人们有了孝德，社会政治环境优良，肯定有利于社会秩序的确立，社会政治的稳定。

晋平公问于师旷曰①：“人君之道如何？”对曰：“人君之道清净无为，务②在博爱，趋③在任贤；广开耳目，以察

万方；不固溺于流俗，不拘系于左右；廓然④远见，踔然⑤独立；屡省考绩⑥，以临臣下。此人君之操也。”平公曰：“善！”（《说苑·君道》）

【注释】

①晋平公：春秋时晋国国君，名彪，公元前557年至前532年在位。师旷：晋国的盲乐师。②务：致力，从事。③趋（qù）：旨趣。④廓然：开阔、广大的样子。⑤踔（zhuō 卓）然：超越，高绝的样子。⑥屡省（xǐng）：多次检查。考绩：考核官吏的政绩。

【今译】

晋平公问师旷说：“做人君的道理有哪些？”师旷回答说：“做人君的道理应是清心寡欲，以德政感化人民而不施行刑治；努力做到广泛地爱护老百姓，把任用贤能作为自己的宗旨；开阔自己的见闻，明察各方面的情况；不拘执、沉溺于世俗的偏见，不受身边亲信的影响和羁绊；做到目光开阔、视野远大，见解独特超群；经常检查考核官吏的政绩，以此来驾驭臣下。这就是人君所掌握的道理啊！”晋平公说：“很好！”

【时析】

一个盲乐师也是非常懂得政治的，谈了一番治国平天下之道，把晋平公说服了。其中的道理并不艰深，而做起来并没有那么容易，关键在于国君要有仁爱之心。

德莫高于博爱人，而政莫高于博利人，故政莫大于信，治莫大于仁，吾慎此而已矣。（《新书·修政语》上）

【今译】

作为执政者道德的最高境界就是能够广泛地爱护老百姓，而行政的最高境界就是更多地给老百姓带来实际利益。所以，行政工作最重要的就是诚信，治理社会最重要的就是推行仁政，我对这些方面是非常慎重的。

【时析】

贾谊借帝喾之说了这段话，强调的就是为政者，也就是我们今天所说的领导干部的道德示范和引导作用。关于这方面我们过去讲得很虚，不能落实到实际生活中，今天又是对老百姓要求多，对领导干部讲得不够。要提倡公民道德教育，当然首先应该从领导做起，对官员应该有更高的要求，他们应该起表率作用。这个问题不解决，整个社会道德建设很难真正见效。

王者博爱远施，外内合同，四海各以其职来祭①，何击柝而待？（《盐铁论·险固》）

【注释】

①《孝经·圣治章》："四海之内，各以其职来祭。"

【今译】

统一天下君主要仁爱广博，恩施传远，就使内外协同一致，四方各国都会按照他们的职位高低前来参加朝廷的各种祭典，为什么还要打更巡夜等待敌寇呢？

【时析】

在盐铁会议上，以御史大夫桑弘羊为代表的尚法之士对匈奴等夷狄抱深恶痛绝的态度，认为其绝仁弃义，好战嗜杀，是华夏民族不共戴天之敌，绝非德义仁礼所能感化。贤良文学在与御史大夫辩论时则持守儒家一贯的基本观点，告诫当时的帝王要"博爱远施"，以实现"外内合同"，柔远来附。这里的"博爱"是把仁爱广博地传达到偏远蛮荒之地的意思。

博爱之谓仁。（《韩昌黎集·原道》）

【今译】

博爱就称为仁。

【时析】

韩愈在其《原道》之开篇，提出"博爱之谓仁"的命题。孔子"泛爱众"的观点，经过汉唐儒家学者的发挥，到韩愈就明确地提出了这个观点。这一以"博爱"释"仁"的意见，在宋代以后产生很大影响，成为儒家仁学中有代表性的阐释。

问仁。伊川先生曰：此在诸公自思之。将圣贤所言仁处类聚观之，体认①出来。孟子曰："恻隐之心，仁也②。"后人遂以爱为仁。爱自是情，仁自是性，岂可专以爱为仁？孟子言："恻隐之心，仁之端也③。"既曰仁之端，则不可便谓之仁。退之言："博爱之谓仁④。"非也。仁者固博爱，然便以博爱为仁则不可。（《近思录·道体》）

【注释】

①体认：体会。②"恻隐"二句：语出《孟子·告子上》。③"恻隐"二句：语出《孟子·公孙丑上》。④此句见韩愈《原道》。

【今译】

有人问什么是仁。程颐先生回答说：这要诸位自己去思考它，把圣贤谈仁的言论分类集中去看，体会出来。孟子说："同情之心就是仁。"后人于是把爱当做仁。爱原本是情，仁原本是性，怎么可以单纯把爱当做仁？孟子说："同情之心，是仁萌芽。"既然是说仁的萌芽，就不可以简单称做仁。韩愈说："博爱就叫做仁"，这是不对的。仁德的人固然博爱，但是把博爱叫做仁，那是不可以的。

【时析】

这是程颐与学生讨论什么是"仁"，他让学生把圣贤关于"仁"的言论进行分类，通过分析比较去体会，举例孟子"恻隐之心，仁也""恻隐之心，仁之端也"和韩愈"博爱之谓仁"进行评判，说明"仁者固博爱，然便以博爱为仁则不可"，但他并没有说什么是"仁"。这大概与孔子一样，并不给"仁"一个具体的定义，而是让学生在生活实践着随处体会其含义。

参考文献

李民. 尚书译注. 上海:上海古籍出版社,2004

陈鼓应. 老子注译及评介. 北京:中华书局,1984

陈鼓应. 庄子今注今译. 北京:中华书局,1994

孙希旦. 礼记集解. 北京:中华书局,1989

王聘珍. 大戴礼记解诂. 北京:中华书局,1983

朱熹. 四书章句集注. 北京:中华书局,1983

程树德. 论语集释(全四册). 北京:中华书局,1990

杜预. 春秋左传集解. 上海:上海人民出版社,1977

杨伯峻. 春秋左传注(全四册). 北京:中华书局,1990

杨伯峻. 孟子译注(上下). 北京:中华书局,1980

王焕镳. 墨子校释. 杭州:浙江文艺出版社,1984

国语. 上海:上海古籍出版社,1988

史记. 北京:中华书局标点本.

汉书. 北京:中华书局标点本.

后汉书. 北京:中华书局标点本.

赵守正. 管子注释. 南宁:广西人民出版社,1982

杨伯峻. 列子集释. 北京:中华书局,1979

梁启雄. 荀子简释. 北京:中华书局,1983

陈奇猷. 韩非子集释(上下). 上海:上海人民出版社,1974

陈奇猷. 吕氏春秋校释(上下). 上海:学林出版社,1984

张涛. 孔子家语注译. 西安:三秦出版社,1998

汪受宽. 孝经译注. 上海:上海古籍出版社,2007

阎振益、钟夏. 新书校注. 北京:中华书局,2000

许维遹校释. 韩诗外传集释. 北京:中华书局 2005

汪荣宝.法言义疏(全二册).北京:中华书局,1987
王连生,薛安勤.晏子春秋译注.沈阳:辽宁教育出版社,1998
王利器.文子疏义.北京:中华书局,2000
钟肇鹏、周桂钿等合撰.春秋繁露校释.济南:齐鲁书社,1994
王利器.盐铁论校注.北京:中华书局,2006
何宁.淮南子集释.北京:中华书局,1998
(清)陈立撰,吴则虞点校.白虎通疏证.北京:中华书局,2007
(汉)刘向.说苑校证.北京:中华书局,1987
王明.太平经合校.北京:中华书局,1960
王明.抱朴子内篇校释.北京:中华书局,1985
张载.张载集.北京:中华书局,1978
程颢,程颐著,王孝鱼点校.二程集(全二册).北京:中华书局,2004
朱熹,吕祖谦合撰,刘凤泉译注.近思录.济南:山东友谊出版社,2001
王阳明著,于民雄注,顾久译.传习录全译.贵阳:贵州人民出版社,1998
王阳明全集.上海:上海古籍出版社,1992
吕坤,刘庆华注,呻吟语.广州:广州出版社,2004
戴震.孟子字义疏证.戴震全书.卷六,安徽:黄山书社,1995
颜元,王星贤等点校.颜元集.北京:中华书局,1987

跋

王　军

2007年春,有幸拜读了叶国华先生主编、香港耀中出版社出版的《论语今译时析》。此书是香港耀中教育机构学习继承中国传统文化的基本参考图书之一。读后感受良多,因而产生了以中华人文经典为素材,以主题为线索,以语录为体裁编一套丛书的想法。在与西安出版社社长、编审张军孝先生和陕西师大国际汉学院院长、教授陈学超先生进行多次认真磋商和交流探讨中,碰撞出一些火花,使意念逐渐成为工作目标。紧接着,请学超先生草拟了一个初步编写设想,又约请香港同仁一起讨论,对初步编写方案提出了建设性的意见。鉴于编写好《中国传统文化经典语录》任务艰巨,颇有难度,军孝先生建议请著名史学家、教育家张岂之先生担纲。张先生听了我们的动议后,非常兴奋,并愉快地答应主持编写这套丛书。随后,由张岂之先生主导召开了三次大型的专家讨论会,形成了具体的、操作性很强的意见。岂之先生自始至终参与了编写大纲、选题、选人和初审、终审的全过程。叶国华先生在百忙中,专门召开了黄山会议,对全书的编辑和出版发行工作提出了中肯意见,并派出学养深厚的中西学者参与了策划编辑全过程。可以说,他们二位主编可不是只挂名的。

主编之一的张岂之先生是我国著名的史学家、教育家。作为侯外庐学派主要的学术薪火传人,张先生在中国思想史、中国哲学史、中国学术史等诸多领域，取得了令人瞩目的成就。如果没有张岂之先生的亲自主导，全面启动编写工作并达到预期的质量要求是不可想象的。另一位主编叶国华先生是香港著名的实业家和教育家，他对中国传统文化不仅酷爱有加，而且感悟深刻。同时，他还不遗余力地为弘扬中国优秀文化而坚持不懈地在世界各地奔走，十分令人敬佩。

我真切地期望，广大读者通过这套丛书，体会中国文化的独特魅力，感悟中国优秀文化中具有普世价值的名言名句在推动世界多元文化发展中的地位和作用。期望《中国传统文化经典语录》在继承中国优秀传统文化，建设社会主义核心价值体系，建设中华民族共有精神家园方面，起到范本的作用，并持久地传诵下去。

2008年6月5日于西安浐灞